世界货币史丛书

SHI JIE HUO BI SHI CONG SHU

石俊志◎主编

金属货币
信用化

JIN SHU HUO BI XIN YONG HUA

石俊志

著

经济管理出版社
ECONOMY & MANAGEMENT PUBLISHING HOUSE

图书在版编目（CIP）数据

金属货币信用化/石俊志著 . —北京：经济管理出版社，2022. 6
ISBN 978-7-5096-8436-8

Ⅰ.①金…　Ⅱ.①石…　Ⅲ.①金属货币—货币信用学—研究
Ⅳ.①F820. 4

中国版本图书馆 CIP 数据核字（2022）第 090772 号

组稿编辑：王光艳
责任编辑：魏晨红
责任印制：黄章平
责任校对：张晓燕

出版发行：经济管理出版社
　　　　　（北京市海淀区北蜂窝 8 号中雅大厦 A 座 11 层　100038）
网　　　址：www. E-mp. com. cn
电　　　话：（010）51915602
印　　　刷：唐山昊达印刷有限公司
经　　　销：新华书店
开　　　本：880mm×1230mm/32
印　　　张：8. 375
字　　　数：181 千字
版　　　次：2022 年 7 月第 1 版　　2022 年 7 月第 1 次印刷
书　　　号：ISBN 978-7-5096-8436-8
定　　　价：68. 00 元

前　言

　　2020~2021 年，我在清华大学五道口金融学院给博士生讲述世界货币史课程。此前，世界货币史在我国学界尚属空白。为了弥补这一空白，我撰写了有关教材——《世界货币史·上古卷》。

　　本书是《世界货币史·上古卷》的组成部分，专题讲述钱币被国家垄断铸造之后，古代国家以减少金属含量、提高名义价值和降低金属成色三种方式谋取铸币利益、扩大钱币流通总量，从而产生了在金属货币的名义价值中币材金属价值占比逐步下降、发行者信用价值占比逐步上升的现象。

　　金属货币信用化是指金属数量货币——钱币从依靠本身币材金属价值向依靠发行者信用价值来发挥货币职能的转化过程。

　　金属货币信用化表现为：在金属货币的名义价值中，币材金属价值占比的持续下降和发行者信用价值占比的持续上升。

　　实现金属货币信用化需要具备以下四个条件：

　　第一，钱币的诞生。

　　钱币的诞生是金属货币信用化的前提条件。

　　金属货币有两种形态：金属称量货币和金属数量货币（钱币）。金属称量货币完全依靠本身币材金属价值发挥货币职能，不具备信用化能力。钱币是金属称量货币长期发展的产物。钱币的诞生为金属货币信用化提供了可能。

第二，国家垄断钱币的铸造。

国家垄断钱币的铸造是金属货币信用化的必要条件。

最初的钱币是百姓自发铸造的，目的是免去称量的烦琐，方便商品交换。此后，国家将铸币权收归国有，垄断了钱币的铸造，使钱币的名义价值与金属价值发生了脱离。

最初，一枚钱币的名义价值就是金属称量货币单位金属的价值。例如：中华秦国的半两钱，其名义价值是半两青铜的价值；古希腊的德拉克马银币，其名义价值是 1 德拉克马白银的价值；古罗马的阿斯铜币，其名义价值是 1 阿斯青铜的价值。这些钱币的名称都是称量货币的重量单位名称，一枚钱币使用的金属量，正是这个称量货币单位的标准重量。

百姓处于分散状态，每个个体都不具备作为整个社会信用主体的资质。个别百姓铸造的钱币，如果减少其金属含量，使其币材金属价值少于钱币名义价值，就不能按照其名义价值行使货币职能。只有国家垄断铸造的钱币，才能在减少金属含量的情况下，依靠法律的支持，依旧按照其名义价值行使货币职能。于是，在国家垄断制造钱币的条件下，钱币的名义价值就与其币材金属价值发生了脱离。

因此，可以实现信用化的钱币是由国家垄断铸造的，而非百姓分散制造的。

第三，实币与虚币并行流通。

实币与虚币并行流通是金属货币信用化的制度条件。

信用化的钱币被称为"虚币"，未经信用化的钱币被称为

"实币"。虚币是相对实币而言的概念。实币与虚币并行流通，需要法律规定实币与虚币之间的固定比价。

如果没有实币的并行流通，市场上全部钱币一起减重，一起信用化，商品以钱币计量的价格就会跟随钱币减重的幅度上涨。有了实币的并行流通，用实币保持各类商品价格的稳定，用虚币代表实币的价值发挥货币职能，金属货币信用化才能在商品价格大体稳定的情况下，节约使用金属，达到信用化的结果。

所以，金属货币信用化不是以流通中的全部钱币为对象，而是以部分钱币为对象，需要有实币与虚币并行流通的货币制度作为实现金属货币信用化的制度保障。

第四，专门的货币法律的建立。

专门的货币法律的建立是金属货币信用化的法律条件。

金属称量货币作为商品交换媒介，进行的交易遵循商品等价交换原则，通过市场本身的机制发挥货币职能。金属货币信用化导致部分钱币与商品的交换成为"非等价交换"，"非等价交换"则需要法律的支持才能进行。

例如，用若干萝卜交换若干白菜，遵循市场上的等价交换原则，不需要专门的立法；信用化的钱币与各类商品的交换，不再遵循市场上的等价交换原则，就不得不依赖专门的货币立法。

支持信用化钱币行使"非等价交换"的法律，至少要包括以下三个方面的内容：

（1）禁止百姓制造钱币，保障国家关于钱币的垄断铸造。

（2）规定实币与虚币之间的比价，让实币与虚币并行流通，保障虚币能够代表实币的价值发挥货币职能。

（3）禁止百姓在实币与虚币之间进行选择，强制百姓接受国家制造的虚币，以保障信用化金属货币的法定流通地位。

实现金属货币信用化的方式主要有减少金属含量、提高名义价值和降低金属成色三种。

第一，减少金属含量。

钱币的金属含量，原本应该与钱币的名义价值相符。以中国古代的半两钱为例，司马迁说："铜钱识曰半两，重如其文。"希腊的德拉克马银币和罗马的阿斯铜币，最初的金属含量也是符合名义重量的。所以，减少金属含量使钱币的币材金属价值少于其名义价值，从而使钱币的名义价值依靠发行者的信用来支撑，是金属货币信用化最直接的方法。

第二，提高名义价值。

金属含量不变，提高钱币的名义价值与减少金属含量的方式相似，也可以达到在名义价值中币材金属价值占比下降的效果。

第三，降低金属成色。

降低金属成色则是又一种减少钱币金属价值，使钱币中的币材金属价值占比下降的方式。然而，这种方式却不能增加钱币的信用价值，百姓无法估计钱币金属成色的多寡，无法相信钱币的价值，只好不再使用钱币交易，商品交换便退回到以物易物的原始交换方式。降低金属成色往往引发钱币制度的崩溃，国家不得不建立新的钱币制度，以恢复百姓对国家铸造钱币的信心。

本书将依据世界历史上发生的以上三种方式的金属货币信用化的实践案例展开分析，以期论证金属货币信用化在世界历史上的各个时期、各个王朝，有着大体相同却各具特色的表现，而金属货币信用化所遵循的各种规律乃是货币发展、演化中的普遍规律。

　　鉴于古代各国历史资料匮乏，本书主要针对古代中国、古代罗马和古代日本的情况进行介绍、分析，将我们手中有限的历史资料和信息提供给读者阅读、研究、参考。

目 录

第一章

减少金属含量的
秦国半两钱

秦国半两钱源于远古时代作为礼品流通的玉璧，青铜铸造、形制为圆形方孔、重量半两，被称为"半两钱"。

公元前336年，秦惠文王对半两钱实行国家垄断铸造。此后，秦国朝廷铸造的半两钱金属含量迅速减少，与流通中足值的半两钱并行发挥货币职能，形成了大小钱混合等价流通的局面。朝廷铸造小钱而不废大钱，大钱便支撑了商品价格的稳定，而小钱使用的金属少于大钱，节约了大量的铜金属。小钱部分依靠发行者的信用和法律的支持，代表大钱的价值行使货币职能。

半两钱的演化过程，属于典型的金属货币信用化过程。

第一节

半两钱是圆形方孔的圜钱

春秋战国时期的货币主要有布币、刀币、铜贝和圜钱四大体系。圜钱有圆形圆孔和圆形方孔两种。秦国半两钱是圆形方孔的圜钱。圜钱的前身是用作礼品的"玉璧"。圜钱在中国铜钱四大体系中出现得最晚，并非出自秦国，而是出自魏国。中国古代最早出现的圜钱是魏国的圆形圆孔的垣圜金。秦国最早的圜钱也不是半两钱，而是民间铸造的"一珠重一两"[①]。公元前336年，秦惠文王将秦国的铜钱集中由国家垄断铸造，法定重量为半两，

---

① 黄锡全在《先秦货币通论》中称其为"一珠重一两"，其他学者有称其为"珠重一两"。

由此确立了半两钱货币制度。

一、圜钱的前身是礼品"玉璧"

圜钱可以分为两种：一种是圜金；另一种是圆钱。圆形圆孔者为圜金，圆形方孔者为圆钱。最早的圜钱是圆形圆孔的圜金，圆形方孔的圆钱是从圜金的基础上发展而成。关于圜金的起源，有以下三种说法：

（1）圜金由圆足布发展而来。

（2）圜金仿自纺轮。

（3）圜金由玉璧发展而来。

圆足布的形状是圆首、圆肩、圆裆、圆足。但是，圆足布的基本形状还是布币，是个铲子的形状，与圜金的形状相差悬殊。所以，圜金不是仿照圆足布的形状铸造的。纺轮体积过大，难以作为货币流通，考古亦无整批形制相似、可以作为原始数量货币的纺轮出土。所以，圜金也不是接替纺轮成为货币的。

中国古代四大种类的铜钱皆源于各自独特的原始数量货币：布币源于农业生产工具"钱"；刀币源于生活用具"削"；铜贝源于人身佩饰"海贝"；圜钱则源于用作馈赠礼品的"玉璧"。

玉璧与青铜农具钱、青铜工具削、人身佩饰海贝一样，曾经作为原始数量货币在市场流通。此外，玉璧的形状与圜金的形状一般无二。所以，圜金是仿照玉璧的形状铸造，接替玉璧的数量货币功能进入流通领域的。西周时期，玉璧原本是在贵族之间相互馈赠的礼品"币"，青铜圜金仿照玉璧的形状铸造，逐步替代玉璧的数量货币功能，成为价值尺度和流通手段。

《周礼》中有"玉币"的名称，指的是玉器的礼物。王国维说：

> 殷时玉与贝皆货币也，……其用为货币及服饰者，皆小玉小贝。①

圜钱的前身是馈赠礼品——玉璧。圆钱则是圜金的变种。圜金和圆钱都是由青铜铸造的，铸造后都需要磋磨周边的毛刺。方孔圜钱可以用方棱木棍穿在一起，磋磨起来比圆孔圜钱省力很多，制造工艺更加简易。所以，在圜金的基础上，人们为了制造方便而创造了圆钱。秦国国家垄断铸造的圆钱法定重量为"半两"，于是就产生了影响中国两千年货币制度的圆形方孔的"半两钱"。

二、最早的圜钱是魏国的桼垣圜金

班固说，西周的钱币是圆形方孔形状、以"铢"为单位的铜钱。但是，迄今为止，考古尚未发现西周的圆形铜钱。圆形铜钱是中国铜钱四大体系中出现最迟的一种，最早出现在战国早期。

王昭迈说：

> 魏国是最早产生圜钱的地区，考察魏国圜钱系统，时代最早的可能是桼垣发行的货币，包括桼垣一釿、桼垣一釿、半釿、半釿。②

---

① 王国维：《观堂集林》：《说珏朋》，中华书局1959年版，第161页。
② 王昭迈：《东周货币史》，河北科学技术出版社2011年版，第421页。

桼垣地处今陕西咸阳市彬县西，桼垣一釿重量为 8.5~12.8 克。① 如图 1-1 所示。

图 1-1　桼垣一釿

桼垣圜金的铸行始于魏武侯时期（公元前 396 年至公元前 370 年），终于魏襄王七年（公元前 312 年）。魏襄王七年，上郡归属秦国。桼垣属于上郡，魏国从此停止在桼垣铸行圜钱。

《史记·魏世家》云：

五年，……予秦河西之地。……七年，魏尽入上郡于秦。②

魏襄王五年（公元前 314 年），……割让河西之地给秦

---

① 昭明、马利清：《古代货币》，中国书店 1999 年版，第 75 页。
② 《史记》卷四十四《魏世家》，中华书局 1959 年版，第 1848 页。

国。……魏襄王七年，上郡地界全部归秦国所有。

根据铭文分类，在各诸侯国中，魏国铸行圜钱的种类最多，其重量单位并非班固所说的"铢"，而是魏国当时布币的重量单位"釿"。魏国在 5 个地方总共铸行 12 种圜钱。[1]

（1）桼垣 4 种：桼垣一釿、半釿、桼罳一釿、半罳。

（2）垣邑（今山西运城市垣曲县东南）2 种：垣（一釿）、垣（半釿）。

（3）共地（今河南新乡市辉县）3 种：共、共屯赤金、共少半釿。

（4）济阴（今河南开封市兰考县东北）2 种：济阴（大型）、济阴（小型）。

（5）卫釿 1 种：卫国首都帝丘（今河南濮阳市）铸行的圜钱。

根据实测，魏国圜钱一釿重量大多为 10~15 克；半釿重量大多为 5~6 克。一釿的理论重量为 26.32 克。早期圜钱以釿为单位，实际重量已经远远达不到釿的理论重量。以釿为单位的铜钱重量的下降，是青铜布币长期发展不断减重的结果。

三、战国时期秦国的崛起

秦国在周朝各诸侯国中是后起之秀。

周平王元年（公元前 770 年）东迁，秦襄公护送周王有功，被封为诸侯。秦穆公时（公元前 659 年至公元前 621 年），秦国逐渐富强，东征为晋所阻，西征遂霸西戎。此时，中原地区晋国

---

① 王昭迈：《东周货币史》，河北科学技术出版社 2011 年版，第 429–432 页。

的空首布铜钱已经开始流通。秦国虽已崛起，但在此后的 300 年里，并无统一铸行的铜钱。

周安王十八年（公元前 384 年），秦献公即位，次年迁都栎阳。此后，秦献公七年（公元前 378 年）下令"初行为市"，并编制户籍，启动了改革大业。秦献公的儿子秦孝公在位期间（公元前 361 年至公元前 338 年），下令招贤，商鞅自魏入秦，被任命为左庶长，开始变法。商鞅变法统一了秦国的度量衡。秦孝公十二年（公元前 350 年），商鞅主持实行：

废井田，开阡陌。平斗桶、权衡、丈尺。[1]

自此时开始，秦国统一了铢、两制度，为钱币制度的建立提供了必要的基础。

公元前 338 年，秦孝公去世，秦惠文王即位。次年，商鞅被车裂处死。然而，商鞅的变法继续影响着秦国的改革进程。公元前 336 年，秦国便开始由国家垄断铸造半两钱。秦国国家垄断铸造铜钱是件大事情，史有所载。

据考证，秦国"初行钱"是秦国首次由国家垄断铸造半两钱，在此之前，秦国百姓已经开始铸造铜钱。

四、秦国最早的圜钱"一珠重一两"

秦国圜钱的重量单位不同于魏国的"釿"、齐国的"化"，而是"两"，秦国最早的圜钱是"一两"。

---

[1] 《资治通鉴》卷二《周显王十九年》，中华书局 1956 年版，第 56~57 页。

布币行用区主要流通布币，后期也流通圜钱；刀币行用区主要流通刀币，后期也流通圜钱。秦国是一个相对独立的地区，既不属于布币行用区，也不属于刀币行用区。秦国境地流通的钱币，仅有圜钱。秦国最早出现的圜钱是圆形圆孔的，重量为1两，今已发现的只有两种：一种是"一珠重一两·十四"；另一种是"一珠重一两·十二"。然而，这两种青铜铸造的"一两"是否为铜钱，学界仍有不同的看法。

战国时期，秦国实行斤、两、铢重量制度，1斤等于16两，1两等于24铢。秦国1斤的重量为253克，1两的重量为15.8125克，1铢的重量为0.6589克。

根据对出土实物的测量，"一珠重一两·十四"的重量为9.4~16克；"一珠重一两·十二"的重量为8.3~14.4克。[①] 如图1-2所示，实测的结果略低于秦国1两，即15.8125克的理论重量。

图1-2　"一珠重一两·十二"

---

① 　王昭迈：《东周货币史》，河北科学技术出版社2011年版，第441页。

钱币含金量低于其所代表的金属量是正常的现象，特别是在百姓自由铸造钱币时期，钱币与金属称量货币并行流通，铸造钱币比直接使用金属称量货币增加了铸造成本，扣除铸造成本之后，钱币的含金量就低于其所代表的金属量。

"十四"和"十二"意指什么，学界也有不同的猜想。

有学者猜想，"十四"意指秦孝公十四年；"十二"意指秦孝公十二年。然而，我们看到，"十四"的重量明显大于"十二"的重量。如果两者是指时间，那么两者的重量就应该是"十四"轻于"十二"，这样才符合钱币逐步减重的普遍规律。

还有学者猜想，"十四"和"十二"是重量砝码的编号。但是，如果说这些标明重量为一两的铜环属于重量砝码，仍然有些牵强。因为它们的实际重量参差不齐，极不规范。世界各国出土的古代砝码的重量都比较准确、规范，作为重量砝码不应该像"一珠重一两"这样参差不齐，枚枚不同。

笔者认为，"十四"和"十二"是不同铸造商的标识。尽管秦国政府尚未垄断铜钱的铸行，商户可以自由铸造铜钱，但是，商户需要对自己的产品做出标识。商户对自己生产的钱币加刻标识，一则可以增强市场对该种产品的信心，二则可以防范他人对该种产品的伪造。

但是，如果说秦国国家垄断铸行的半两钱是百姓铸造的一两铜钱发展的结果，仍然缺乏依据。迄今为止，秦国一两钱并没有出土记录。近百年来，出土的战国时期墓葬或者窖藏的文物甚多，各国的铜钱也多有出土。然而，其中并无秦国的一两钱。目前存世的这些"一珠重一两"属于前人的收藏，缺乏出土的记录。

所以，秦惠文王始铸半两钱，并不能完全肯定是在秦国百姓自由铸造铜钱基础上的集中铸造。更可能的是，秦惠文王仿照两周圜钱，创建了秦国半两钱制度。

两周圜钱有安臧圜钱，重量为 10 克左右。公元前 3 世纪，两周被秦国攻灭时，两周圜钱的重量已经降至 4 克左右。公元前 4 世纪，秦惠文王创建半两钱制度时，两周圜钱的重量应该在半两（7.91 克）左右。

秦国为标榜自己为天下正统，而效仿周室制度的可能性是很大的。

第二节

国家垄断铸造半两钱

公元前336年，秦始皇的高祖父秦惠文王将铜钱铸造集中为国家垄断，确立了半两钱制度。国家垄断铸造半两钱，为半两钱的信用化提供了必要的条件。

一、秦始皇的高祖父秦惠文王

秦惠文王是秦孝公的儿子。秦孝公任用商鞅变法，秦国逐步富强。秦惠文王继位后，杀了商鞅，放弃作为周朝册封的诸侯爵位，自立为王，自称"秦王"，并且采用国家垄断方式开始铸造半两钱。

秦惠文王的儿子是个大力士，做过三年秦王，史称秦武王，在比赛举重时被自己举起的铜鼎砸死了。秦武王的弟弟继位秦王，是为秦昭襄王。秦昭襄王把自己的一个孙子送到赵国做人质，这个孙子便是秦始皇的父亲"异人"。

异人在赵国结识了吕不韦。吕不韦决心投资异人做秦王，并把赵国的美女送给异人，生了嬴政。不知是吕不韦运作出色，还是吕不韦运气出色，秦昭襄王去世了。异人的父亲做了三天秦王，被毒死了。异人做了三年秦王，也去世了。于是，异人的儿子嬴政继位秦王，便是秦始皇。

战国中期和战国晚期的秦国铸造和使用半两钱。公元前221年，秦始皇消灭了各诸侯国，统一了天下，就废除了各诸侯国的各种铜钱，将秦国的半两钱推广到全国使用。

半两钱圆形方孔，青铜铸造，正面币文是"半两"二字，背面是光面，理论重量为7.9063克。

半两原本是重量单位，即12铢。因此，半两钱的理论重量是7.9063克。然而，秦国朝廷并没有持续按照这个重量标准铸造半两钱。实际上，战国后期秦国半两钱的大小不等，轻重差距悬殊，混在一起使用，被后人称为"秦半两大小钱之谜"。

二、史书记载秦国的"初行钱"

商鞅死后第二年（公元前336年），秦国便开始由国家垄断铸造半两钱。秦国始铸半两钱是件大事情，史有所载。《史记·秦始皇本纪》中说：

惠文王生十九年而立。立二年，初行钱。①

《史记·六国年表》中记载：

天子贺。行钱。②

《史记·秦始皇本纪》是讲秦惠文王二年（公元前336年），秦国初行钱。《史记·六国年表》是讲秦惠文王二年，有两件大事：一是天子对秦国表示祝贺；二是秦国开始铸行半两钱。

现代学者多认为秦惠文王二年天子贺，是为了秦国开始铸行自己的钱币。

钱剑夫说：

就在惠文王"行钱"的这一年，周天子还曾经向秦"贺行钱"（《史记·六国表》）。如果不是改行环钱，周天子就没有"贺"的必要了。③

张南说：

至秦惠文王嬴驷二年（公元前336年），才"初行钱"（《史记·秦始皇本纪》）并得到周显王姬扁的祝贺，"天子贺行钱"（《史记·六国年表》）。④

---

① 《史记》卷六《秦始皇本纪》，中华书局1959年版，第289页。
② 《史记》卷一五《六国年表》，中华书局1959年版，第727页。
③ 钱剑夫：《秦汉货币史稿》，湖北人民出版社1986年版，第28页。
④ 张南：《秦汉货币史论》，广西人民出版社1991年版，第15页。

王雪农、刘建民说：

《史记·秦始皇本纪》里有这样一段文字："秦惠文王生十九年而立。立二年，初行钱。"同书的《六国年表》中，还记有周天子对秦国的此次"行钱"，特别予以的祝贺。①

然而，从《史记·六国年表》中的文字来看，天子贺，或许并不是为了秦国的"初行钱"。此时的秦国，可贺之事颇多。秦惠文君初登大位当贺，秦公转而称王，更是吓人的事情，不得不贺。周朝天子势力虚弱，随时都可能被秦国消灭，为了苟延残喘，不得不对秦国表示祝贺。

《史记·秦本纪》云：
惠文君元年，楚、韩、赵、蜀人来朝。二年，天子贺。②

从这段文字看，天子贺是为了惠文君初登大位。然而，无论周天子祝贺的是惠文君登位，或是秦公称王，还是秦国"初行钱"，秦惠文王二年"初行钱"是秦国朝廷首次铸行半两钱。115 年之后，秦王政二十六年（公元前 221 年），秦国就用这种半两钱，取代了其他各诸侯国所铸的刀、布、贝、圜等各类铜钱，形成了全国统一的半两钱制度，并废除了珠玉、龟贝、银锡的货币功能，形成了以称量货币（黄金）、原始数量货币（布）和数量货币（半两钱）三币法定流通的货币体系。

---

① 王雪农、刘建民：《半两钱研究与发现》，中华书局 2005 年版，第 1-2 页。
② 《史记》卷五《秦本纪》，中华书局 1959 年版，第 205 页。

三、关于半两钱始铸时间的争论

但是，半两钱的始铸是否发生在秦惠文王二年，学界还有不同的认识。许多学者认为，半两钱的始铸最迟是秦惠文王二年，应该早于秦惠文王二年。

认为半两钱始铸于秦献公七年（公元前378年）的，有杜维善、叶世昌。杜维善认为：

半两最早出现在秦献公七年（公元前378年）或更早，到了秦孝公十八年（公元前344年）商鞅颁定度量衡器标准后，方孔圆钱成了定制。[①]

叶世昌认为：

秦献公七年（公元前378年）"初行为市"时已有半两钱的流通。《史记·秦始皇本纪》说秦惠文王二年（公元前336年）"初行钱"，可能是将半两钱定为秦国的法定货币。[②]

认为半两钱始铸于秦孝公十四年（公元前348年）的，有关汉亨先生。关汉亨认为：

秦国城邑铸行"半两"钱大约开始于秦孝公十四年商鞅变法之后，直至秦惠文王二年止。这十余年间，秦中央政府仍未实施统一铸币，当允许地方自由鼓铸。只是在钱币计量单位上实行

---

① 杜维善：《半两考》，上海书画出版社2000年版，第2页。
② 叶世昌：《中国金融通史》，中国金融出版社2002年版，第26-27页。

铢两制。①

认为半两钱始铸于秦惠文王二年（公元前336年）之前，是由民间私铸的，有朱活。朱活认为：

所谓"初行钱"，不等于说秦国到了惠文时才开始铸钱，而是在这之前，钱币多为私人所铸，用以牟取暴利。现在王国政府规定，钱币一律由公家来铸。②

认为半两钱始铸于秦惠文王二年（公元前336年），此前有无半两钱的铸造，需要进一步考证的，有王雪农、刘建民。王雪农、刘建民认为：

所谓惠文王二年之前秦国就铸造了半两钱的观点，还有待于日后的进一步考察证实。但是，作为今天的研究者，我们起码可以大声地宣称：惠文王二年"初行钱"，行的就是半两钱。从这时起，半两钱的铸造就正式载入中华史册啦！③

四、秦惠文王二年始铸半两钱

从《史记·秦始皇本纪》和《史记·六国年表》中记载秦国创建制度的文字看，"初"应该是国家首次创建某种制度的表示。例如，"初租禾""初行为市""初为赋"等。"初行钱"与

---

① 关汉亨：《半两货币图说》，上海书店出版社1995年版，第10页。
② 朱活：《古钱新探》，齐鲁书社1984年版，第271页。
③ 王雪农、刘建民：《半两钱研究与发现》，中华书局2005年版，第3页。

"初租禾""初行为市""初为赋"一样，是国家首次颁布一项具体的制度法令，即秦国政府首次颁布关于半两钱由国家统一铸造发行的法令。

因此，本书认为，半两钱的始铸，应考定在秦惠文王二年（公元前336年）。此时半两钱的铸造和发行，是秦国政府统一进行的。在此之前，秦国应该已经出现了金属铸币的铸造和流通，其中或许包含半两钱的铸造和流通。但是，秦惠文王二年以前秦国金属铸币的铸造和流通，不是秦国政府统一的铸造和法定的流通，而是百姓的私铸和市场自发的流通。而且，这种私铸和流通可能是局部的和极不规范的。

20世纪50年代初期以前，人们还普遍认为半两钱是秦始皇统一六国、建立秦王朝时开始铸行的。这种观点，基于《史记·平准书》的记载：

及至秦，中一国之币为（三）［二］等，黄金以镒名，为上币；铜钱识曰半两，重如其文，为下币。①

到了秦朝，把全国的货币统一为（三）［二］等，黄金以镒为单位，称为上币；铜钱铭文"半两"，重量与文字相符合，称为下币。

自汉以来，作为历代学者的共识，这种观点一直延续到了20世纪50年代。

1954年，四川省考古工作者在巴县冬笋坝和昭化宝轮院两处战国墓葬中，发掘出土了半两钱。沈仲常、王家祐认为，半两钱

———

① 《史记》卷三〇《平准书》，中华书局1959年版，第1442页。

可能始铸于秦统一之前。① 然而，当时的学者对这种看法还是持怀疑态度的。半两钱如图1-3所示。

图1-3 半两钱

1979年，四川省青川县郝家坪50号战国秦墓发掘出7枚半两钱。相伴半两钱出土的，还有两件墨书木牍，书云：

（秦武王）二年十一月己酉朔朔日，王命丞相戊（茂）、内史匽、□□更修为田律。

据此考定，该墓为秦昭襄王元年（公元前306年）的墓葬。②

这就证实了，在秦始皇统一中国前的战国时期，秦国确实已

① 沈仲常、王家祐：《记四川巴县冬笋坝出土的古印及古货币》，《考古通讯》1955年第6期。
② 四川省博物馆、青川县文化馆：《青川县出土秦更修田律木牍》，《文物》1982年第1期。

有半两钱在流通。以此推论，秦惠文王二年（公元前 336 年）"初行钱"所铸行的铜钱，就是半两钱。

秦国对半两钱实行国家垄断铸行，百姓不得私铸，这样秦国政府就可以减少铸造半两钱的用铜量，为半两钱的信用化提供了必要的条件。

第三节

半两钱的信用化过程

半两钱的信用化过程并非一路平稳，而是有强有弱，跌宕起伏。但是，总体来看，半两钱的发展有从金属性质向信用性质逐步转化的倾向，而信用化最为剧烈迅猛的阶段，是在半两钱制度的创建初期。

从近代出土的战国后期的窖藏或墓葬中的多批半两钱来看，公元前 336 年，秦惠文王始铸半两钱时，半两钱是符合法定重量 12 铢的。然而，仅过了 30 年，在秦武王去世前，就出现了 3 铢左右的半两钱。秦昭襄王统治时期（公元前 306 年至公元前 250 年），朝廷对半两钱的管理日臻完善，大小轻重差距悬殊的半两钱，千钱一畚，被放在一起，以待不时的支付。秦王政统治时期，超过法定重量的半两钱被窖藏或墓葬，近年来多有出土，使其重见天日。秦王政时期会出现大钱的原因是麻织的布币大量替代了半两钱的流通，使秦国的金属铜不再稀缺。

半两钱信用化的发展，表现为半两钱的持续减重。朝廷铸造轻小的新钱，却不废黜重大的旧钱，新旧钱币的名义价值都是半两，于是就出现了大小钱等价混合流通的现象。在湖北云梦睡虎地秦墓竹简《金布律》出土之前，这种现象被人们称为"秦半两大小钱之谜"。当人们看到《金布律》中关于百姓不得拒绝接受朝廷铸造的轻小劣质半两钱的法律条文之后，才明白秦国半两钱大小钱等价混合流通的局面，正是秦国严刑峻法造成的。

一、迅速信用化的半两钱

公元前307年，秦惠文王的儿子秦武王被自己举起的鼎砸死，弟弟继位，便是秦昭襄王。

自秦惠文王始铸半两钱至秦昭襄王继位的30年里，秦国国家垄断铸造的半两钱发生了严重的减重。这一点，可以在出土的秦昭襄王之前铸造的半两钱中得到证实。

1979年，四川省博物馆在四川省青川县郝家坪50号战国秦墓发掘出土了半两钱7枚，据考证是公元前306年之前生产的，即秦惠文王至秦武王时期生产的。根据是，该批半两钱与秦昭襄王元年（公元前306年）纪年木牍相伴出土。[①]

据考定，该墓为秦昭襄王元年（公元前306年）的墓葬。因此，这批半两钱不可能是秦昭襄王元年之后的产物。这些半两钱的大小、厚薄、轻重，枚枚不同，最轻的2.1克（3.2铢），最重的9.5克（14.4铢）。在这批半两钱中，最小的只有3.2铢，已经远不足12铢的法定重量。这说明，秦国"初行钱"之后仅

---

① 四川省博物馆、青川县文化馆：《青川县出土秦更修田律木牍》，《文物》1982年第1期。

30 年，半两钱就已经发生了明显的信用化，其金属价值占比大幅度下降，信用价值占比大幅度上升，重量从 12 铢减至 3.2 铢，其金属价值在钱币整体价值中的占比从 100% 下降到了 26.7%，发行者信用价值在钱币整体价值中的占比从 0 上升到了 73.3%。

二、铸行小钱而不废除大钱

公元前 336 年，秦惠文王始铸半两钱。此后，秦国朝廷铸造的半两钱越来越小。秦国朝廷铸造小钱，却不废除大钱，让小钱与大钱等价并行流通。小钱与大钱的价值相同，所以被混杂在一起收藏。根据目前出土的各批半两钱的情况，有官府收存的"千钱一畚"的半两钱、有百姓墓葬中陪葬的半两钱、有百姓窖藏中的半两钱，出土的半两钱每批都呈现大小混杂、轻重差距悬殊的情形。

（1）1976 年，河南省洛阳地区电业局工地发掘出一座秦墓，出土半两钱 7 枚，重量枚枚不同，最轻的 0.4 克（0.6 铢），最重的 6.6 克（10.0 铢）。[①]

（2）1994 年，河南省卢氏县官道口乡秦墓出土半两钱 260 枚，重量 3~7 克（4.6~10.6 铢）。战国晚期，秦军东进，卢氏县是秦军的必经之路。这座秦墓中出土的还有军中的炊具，应是战国晚期的墓葬。[②]

（3）1995 年，陕西省咸阳市文物考古研究所在咸阳市北原塔尔坡考古发掘战国秦墓 381 座，出土文物 1000 余件，近 100

① 范振安、霍宏伟：《洛阳泉志》，兰州大学出版社 1999 年版，第 71 页。
② 范振安、霍宏伟：《洛阳泉志》，兰州大学出版社 1999 年版，第 67 页。

件文物上面有戳记或纪年錾刻，其中 5 座墓随葬有半两钱共 31 枚。据考证，这 5 座墓均为战国晚期，最晚在秦王政统一六国之前。发掘整理者对这些半两钱进行了实测，其重量相差较大，为 2.2~6.4 克（3.3~9.7 铢）。[①]

秦国朝廷铸造小钱，节约了铜材；不废除大钱，又稳定了商品价格。秦国朝廷用大钱为商品定价，用小钱代表大钱的价值行使货币职能，一箭双雕，可以说是一种十分高明的货币政策。

战国时期的秦国，小钱与大钱并行一百多年。大大小小参差不齐的半两钱，代表着同一个价值——半两青铜。因此，这些半两钱部分依靠币材金属价值，部分依靠发行者信用，基本上都是在一定程度上被信用化的铜钱。

三、大小半两钱混合等价流通

秦国始铸半两钱之后，半两钱迅速发生了信用化，大小半两钱混合在一起使用，买卖商品交易时，轻小的半两钱与足值的半两钱是等价的。

近代考古出土的战国时期各批秦国半两钱，皆呈现大小钱混合在一起的情形，从未发现有轻重相近的整批半两钱出土。这说明，战国时期秦国市场上流通的半两钱，是大小钱混合在一起的。从出土的各批战国时期秦国半两钱的重量分布来看，不能按照重量将其区分成不同的品种。所以，我们推断这些大小半两钱在使用中是等价的，即同属于相同的价值——半两青铜的

---

① 曹发展：《咸阳塔尔坡战国秦墓出土的"半两"铜钱及相关问题》//《文物考古论集》，三秦出版社 2000 年版。

价值。

1962 年冬，在距离陕西省西安市 10 千米处的长安县韦曲乡首帕张堡村，一个农民在掘土时发现了铜钱的窖藏。窖藏共出土 5 件内盛铜钱的陶釜，完整的 1 件毛重 8 千克，内藏铜钱 1000 枚，其中半两钱 997 枚、"两甾钱" 1 枚、"賹化钱" 2 枚。1000 枚铜钱净重共计 4484 克，平均每枚重量为 4.484 克（6.805 铢）。[①] 盛钱陶釜为褐红色夹沙陶，手工捏制，圆肩单耳，鼓腹圆底，腹下底部有小方格纹。此类陶釜是战国时期秦人的典型器物之一，在青川战国秦墓 M50、咸阳黄家沟战国秦墓、大荔县朝邑战国秦墓均有出土。盖压在这件陶釜口部的平底罐残底中央，还印有阴文篆书戳印 "杜市" 二字。据考证，"杜市" 为战国时期秦国的杜县，遗址在出土地邻近的杜城村。

陶釜内 1000 枚古钱基本完好，但大小轻重不一，大多数重量为 4~5 克（6.1~7.6 铢），占总数的 49.5%，最重的 11 克（16.7 铢），最轻的 1.7 克（2.6 铢）。[②]

这批半两钱，应该是秦昭襄王时期（公元前 306 年至公元前 250 年）生产的，而不是他父亲秦惠文王或者他哥哥秦武王时期生产的。根据是：①出现了 "千钱一畚" 的制度。这制度应是在半两钱发展到一定时期的产物。②出现了比公元前 306 年之前生产的最轻的半两钱（3.2 铢）更为轻小的半两钱（2.6 铢）。③不像秦王政时期（公元前 246 年至公元前 221 年）窖藏或墓葬

---

① 战国时期秦国 1 斤为 253 克，1 两为 15.8125 克，1 铢为 0.6589 克。
② 陈尊祥、路远：《首帕张堡窖藏秦钱清理报告》，《中国钱币》1987 年第 3 期。

那样出土许多大个儿的半两钱。

从整批出土大量的半两钱称量数据来分析，我们不能将其区分为不同的品种，所以说，这些混在一起的半两钱应该是等价的，轻小的半两钱可以当作足值的半两钱使用。此外，出土的秦律条文也证实了这一点。

1975 年，在湖北云梦睡虎地秦墓发掘到秦律竹简，其中《金布律》规定有：

官府受钱者，千钱一畚……。百姓市用钱，美恶杂之，勿敢异。[1]

官府收入钱币，以 1000 枚钱装入一畚……。百姓在使用钱币交易时，钱币质量好坏，要一起通用，不准对好坏钱币进行选择。

陕西省西安市长安县韦曲乡首帕张堡村出土的陶釜整装的 1000 枚铜钱，数量整千，美恶杂之，情况与云梦睡虎地秦墓竹简秦律的规定相吻合。

陶釜中有半两钱 997 枚、"两甾钱" 1 枚、"赙化钱" 2 枚，说明半两钱在战国时期的秦国可以与两甾、赙化混合流通。两甾是秦国货币，币文"两甾"，一甾 6 铢，两甾 12 铢，实际上也是半两，只不过铭文是"两甾"而不是"半两"。赙化却是战国晚期齐国的货币，也是圆形方孔，铭文"赙化"，重 2 克（3.0 铢）

---

① 睡虎地秦墓竹简整理小组：《睡虎地秦墓竹简》，文物出版社 1978 年版，第 55 页。

左右。两锱钱和半两钱同是秦国钱币，两者混合流通，容易理解。但是，"赇化钱"与半两钱混合流通的现象，具有重要含义，说明秦国的法律并不禁止外国钱币在本国流通。

秦国境内的外国钱币，不仅在民间流通，官府也可以接受。千钱一畚的铜钱，应该是百姓向官府缴纳的铜钱。赇化钱轻于半两钱，与半两钱混合在一畚中，被官府所接受，也充当着 1 枚半两钱的价值。然而，"赇化钱"轻小，也可同于半两钱进入流通，是否会引起赇化钱从齐国大量流入呢？似乎不会，因为在"千钱一畚"中只发现了 2 枚"赇化钱"。究其原因：一是交通不便，秦齐两国民间钱币交易甚少；二是战国晚期各国敌对，兵关隔阻，国际贸易及钱币出入国境十分不畅。

陕西省西安市长安县韦曲乡首帕张堡村出土的半两钱以及湖北省云梦睡虎地出土的秦律，都证明了战国时期秦国轻小的半两钱与足值半两钱是等价的，是代表半两青铜价值发挥货币职能的。

秦王政继位之后，半两钱的铸造情况发生了变化。

🐉 四、秦王政时期再铸大钱

近代出土的秦王政时期（公元前 246 年至公元前 22□ 年）墓葬或窖藏的半两钱，多有超过法定重量 12 铢者。

（1）1976 年，内蒙古敖汉旗小各各召村秦汉遗址北侧出土窖藏半两钱 26 枚，重量为 10.2 ~ 12.3 克（15.5 ~ 18.7 铢），轻重差距为 1.2 倍。杜维善除从钱币形制、标准等方面考证认为这批铜钱是战国晚期半两钱之外，还指出：

从地望上来说，敖汉旗在长城北面，属辽西郡，秦始皇帝设辽西郡是秦王政二十二年，天下尚未统一，仍应该归在战国晚期。因此，这个窖藏中的二十六枚半两应该是战国中、晚期的半两。[①]

秦军进攻燕国，经由北路，今赤峰、敖汉旗一带。秦王政二十二年（公元前226年），秦破燕。4年之后，王贲大军沿此路进军辽东，虏燕王喜。

（2）1985年，甘肃省环县曲子乡战国墓出土5枚半两钱，平均每枚重13克（19.7铢）。整理者结合墓葬的类型和出土器物分析，墓葬为战国晚期的秦墓。[②]

（3）1987年，河南省洛宁县洞口乡红岩村出土了一批半两钱。洛宁是战国末年秦军进攻韩国的必经之路，估计该批半两钱是战国晚期秦国的半两钱，每枚重量为10.3克（15.6铢）。[③]

（4）1987年冬至1991年春，河南省洛宁县赵村乡东王村出土了多枚半两钱。估计该批半两钱为战国晚期铸行，重量为6.2~15克（9.4~22.8铢）。[④]

（5）1990年，河南省洛宁县山底乡南洞村秦墓出土了13枚半两钱，估计该批半两钱为战国晚期铸行，重量为13.7~15.9克（20.8~24.1铢）。

（6）1992年，陕西省神木县墓葬出土了半两钱50余千克，

---

① 杜维善：《半两考》，上海书画出版社2000年版，第19页。

② 周延龄、林振荣：《从环县墓葬出土的战国秦半两谈陇东早期货币》，《甘肃金融》1987年增刊。

③④ 范振安、霍宏伟：《洛阳泉志》，兰州大学出版社1999年版，第68页。

其中多有形大厚重者，最重的达 20.8 克（31.6 铢）。神木半两钱的流通时间应该是在战国晚期。[①]

　　这是一个十分奇怪的现象，战国晚期墓葬中出现了超过法定重量 12 铢的半两钱。这些钱真的是战国晚期铸造的吗？当时秦国处于战争最激烈的时期，为什么用这么多的青铜来铸造铜钱，而不是将这些青铜用于制造军用器械？其原因可能有以下三个：

　　（1）半两钱流通百年之后，由于大小钱混合等价流通，所以出现了劣币驱逐良币的现象，小钱成为"热钱"，在流通领域快速流动，大钱被收存窖藏或者墓葬。所以，近代出土的战国晚期秦国墓葬或窖藏的半两钱呈现以大个儿为主的现象。

　　（2）战国晚期，秦国政府命令百姓用麻织造布币替代半两钱进入流通，币材所用的青铜不再短缺，所以铸造大钱。

　　（3）战国晚期，秦军攻占了境外的铜矿，采矿冶铜获得了大量的铜金属，所以铸造大钱。

第四节
半两钱信用化的法律支持

　　除了国家垄断铸造，金属货币信用化还需要有相关法律的支持。秦律中的《金布律》，便是一部具有代表性的相关法律。

---

　　①　王雪农、刘建民：《半两钱研究与发现》，中华书局 2005 年版，第 13 页。

🐉 一、云梦睡虎地出土的秦律竹简

1975 年 12 月，湖北省博物馆等部门在湖北云梦睡虎地发掘了 12 座战国末期至秦代的墓葬，其中第 11 号墓出土了大量秦律竹简。

在这座秦墓发现的竹简中有《金布律》15 条，是现存我国最早的货币立法文献。虽然不知道《金布律》订立的确切年代，但可以断定其行用时间是在秦始皇统一六国之前的战国晚期，是战国晚期秦国的立法，秦灭六国后被推行到全国使用。

云梦睡虎地秦律竹简被整理出了 1155 支，内容大部分是法律、文书，不仅有秦律，而且有解释律文的问答和有关治狱的文书程式。

据学者考证，云梦睡虎地秦墓的主人是墓中发现竹简所载《编年记》中提到的喜。简中记载，喜生于秦昭襄王四十五年（公元前 262 年），秦王政元年（公元前 246 年）傅籍，秦王政三年（公元前 244 年）进用为史，即从事文书事务的小吏，秦王政四年（公元前 243 年）为安陆狱史，秦王政六年（公元前 241 年）为安陆令史，秦王政七年（公元前 240 年）为鄢令史，秦王政十二年（公元前 235 年）为治狱鄢，即为鄢地狱掾，审理法律案件。简文终于秦始皇三十年（公元前 217 年），即秦统一全国后第 4 年，这年喜 46 岁，与墓中人骨鉴定年龄相符。喜一生在秦始皇治下历任各种与司法有关的职务，经历了秦始皇建立全国统一政权和实现全国法律统一的过程。因此，可以相信云梦睡虎地秦律竹简所载的秦代货币立法文献，是考证秦代货币流通规则最直接、最可靠的资料。

《金布律》共 15 条，其中有关钱币法律 2 条、布币法律 3 条、债务法律 4 条，其余 6 条是关于财物管理的条文。

二、三币并行的货币体系

从《金布律》的律文中得知，战国晚期秦国实行三种不同性质货币并行流通的货币体制。这三种货币是黄金称量货币、麻布原始数量货币和铜钱数量货币。货币的起源正是从称量货币到原始数量货币，再发展为数量货币的。

从货币史来看，货币的最初形态是称量货币。

称量货币主要有三种：粮食称量货币、布帛称量货币、金属称量货币。其中，经过长期的发展，产生出数量货币的是金属称量货币。粮食称量货币不具备转化为数量货币的性质。布帛称量货币虽然可以转化为数量货币，但是因为布帛种类繁多，不具备金属所具有的同质性，所以逐步被市场淘汰。

在称量货币向数量货币转化的过程中，往往不是直接转化为数量货币，而是出现一个中间环节——原始数量货币。

于是，在货币起源的过程中，就出现了三种不同性质的货币：称量货币、原始数量货币、数量货币。

原始数量货币是称量货币向数量货币转化过程中的一个中间形态，往往出现在货币自然发展的过程中。在一些国家和地区，货币是由外来民族带入的，所以不一定出现原始数量货币，就直接引用了外来民族的数量货币。

中国古代，称量货币从原始数量货币形态演化为数量货币的发展过程比较明显。在中原农耕文化下，青铜称量货币向青铜数量货币的转化过程中，出现了原始数量货币——"钱"，作为农具使用并发挥数量货币的职能；在西北游牧文化下，青铜称量货币向青铜数量货币的转化过程中，出现了原始数量货币——"削"，作为生活工具使用并发挥数量货币的职能；在南方楚国文化下，青铜称量货币向青铜数量货币的转化过程中，出现了原始数量货币——"无文铜贝"，作为随身佩饰使用并发挥数量货币的职能。

当原始数量货币的生产、生活用途被废弃，而专行货币职能的时候，原始数量货币就会转化为数量货币。然而，数量货币出现之后，称量货币不一定退出流通领域，往往与数量货币并行流通。战国晚期的秦国，更是出现了称量货币、原始数量货币与数量货币三种不同性质货币并行流通的局面。

在这三种不同性质的货币中，最核心的是数量货币，表现为青铜铸造的半两钱。

司马迁说：

及至秦，中一国之币为（三）［二］等，黄金以镒名，为上币；铜钱识曰半两，重如其文，为下币。而珠玉、龟贝、银锡之属为器饰宝藏，不为币。①

到了秦朝，把全国的货币统一为（三）［二］等，黄金以镒为单位，称为上币；铜钱铭文"半两"，重量与铭文相符合，称

_____

① 《史记》卷三〇《平准书》，中华书局 1959 年版，第 1442 页。

为下币。至于珠玉、龟贝、银锡类物，仅作为饰物及财富贮藏，禁止其作为货币流通。

文中未提及中币——麻布原始数量货币，因此造成了对于有无中币的长期争论。云梦睡虎地秦墓竹简上的秦律给出了肯定的证据，战国晚期的秦国确有中币——麻布原始数量货币的存在。

《金布律》第二条规定：

布衰八尺，福（幅）广二尺五寸。布恶，其广衰不如式者，不行。[①]

布长 8 尺，宽 2.5 尺。布的质量不好，长宽不合标准，不得作为货币流通。

上币是称量货币——黄金，其称量单位是"镒"；中币是原始数量货币——百姓用麻织造的"布"，可以在生活中用作衣料，又可以作为货币流通；下币是数量货币——铜钱，铭文"半两"。在这三种货币中，具备信用化条件的是半两钱。

三、黄金和布都不具备信用化条件

黄金作为称量货币，不依靠提供者的信用，而是依靠本身金属价值发挥货币职能，所以不具备信用化的条件。

麻布作为原始数量货币，由百姓织造，法律规定其必须符合国家颁布的规制，百姓不得减少使用币材，亦不得降低麻布的质

---

① 睡虎地秦墓竹简整理小组：《睡虎地秦墓竹简·金布律》，文物出版社 1978年版，第 56 页。

量。因此，麻布依靠本身的质量发挥货币职能，也不具备信用化的条件。

不符合法定质量的布，不可以作为货币使用，但是作为一种有价值和使用价值的商品，在物物交换中仍然会被广泛地接受。因为，在古代商品交换经济中，货币媒介的交换行为与以物易物的交换行为长期以来都是并存的。布也可以作为普通商品用铜钱或者黄金来买卖，就像金属在被铸成钱币之前也可以作为普通商品被买卖一样。

作为数量货币，半两钱由国家垄断铸造，法律保护国家垄断铸造的轻小劣质的半两钱按照其名义价值行使货币职能，所以半两钱就具备了信用化的条件。

秦国铸造半两钱初期，半两钱应该是半两或者 12 铢的重量。由于国家垄断半两钱的铸造，法律保护轻小劣质的半两钱按照名义价值行使货币职能，所以国家在铸造半两钱时，可以减少半两钱的金属投入。于是，半两钱就发生了信用化的演变。新铸造的轻小的半两钱，与最初铸造的、符合法定规制的、足值的半两钱并行流通。足值半两钱的流通，维护了货币与商品的原有价格。它们之间的交换，仍然属于金属与普通商品的等价交换。而轻小的半两钱，如重量减少到 6 铢的半两钱，就要使用 50% 的金属价值以及 50% 的发行者信用，与普通商品进行交换。从物质价值的角度来看，这种交换就是"非等价交换"。

四、法律支持半两钱的信用化

当发行者和使用者之间，关于物质价值与信用价值的交换是否为等价交换的观念上出现差异的时候，发行者不得不动用法律武器，强制使用者接受发行者的信用。于是，专门的货币立法就产生了。而专门的货币立法则进一步支持了金属货币的信用化。以半两钱相关法律为例：

《金布律》第一条规定：
　　百姓市用钱，美恶杂之，勿敢异。[①]

百姓在使用半两钱交易商品时，钱币质量好坏，要一起通用，不准对好坏钱币进行选择。

这就是秦朝通过法令支持信用化的半两钱，如金属含量减少的或者磨损、残坏的劣质半两钱，按照半两青铜的价值，行使货币职能。在这个法律下，轻小的半两钱与足值的半两钱的价值是等同的。

根据对出土秦国半两钱和相关文献的分析，我们可以认识到，通过减少金属含量实现金属货币信用化，至少需要满足以下四个条件：①钱币的诞生是金属货币信用化的前提，只有钱币才能实现金属货币信用化，而称量货币则不具备信用化条件。②国家垄断铸造钱币是金属货币信用化的必要条件。只有国家垄断铸造的钱币才具备信用化的条件。百姓分散铸造的钱币不具备信用化的条件。③足值的大钱与减重铸造的小钱并行流通，是金属货币信用化的制度保障。减重铸造的小钱被投入市场后，应与足值

---

　　① 睡虎地秦墓竹简整理小组：《睡虎地秦墓竹简·金布律》，文物出版社1978年版，第55页。

的大币并行流通。在大小钱并行流通的情况下，国家才可以依靠大钱来稳定市场上的商品价格，同时通过铸造小钱来获取铸币利益，从而使金属货币信用化的局面得以稳定持续。④法律的支持是金属货币信用化的有力手段。只有在法律的支持下，百姓才能长期持续地使用信用化的钱币，不将其融销，不将其收藏。

国家在铸造小钱时，如果废除大钱，让市场上的钱币一起小下去，就会引发商品价格上涨，金属货币信用化的效果就会被冲销，信用与商品的交换会被放弃，金属价值与普通商品价值就会恢复其对应关系，货币与商品的交换就会重新回到类似于以物易物的等价交换状态。

只有具备了上述四个条件，通过减少金属含量的方式来实现金属货币信用化，才是切实可行的。

第二章
减少金属含量的
楚国巽字铜贝

我们知道秦国半两钱的信用化过程之后，就比较容易理解楚国巽字铜贝信用化的情形了。从目前掌握的历史资料来看，楚国是世界上第一个实现国家垄断铸造钱币的国家，所以也是第一个实现金属货币信用化的国家。但是，楚国的文字被秦始皇废除了，造成我们对出土楚国文物的断代有较大的困难，所以不得不先用对秦国半两钱信用化的认识，来理解楚国巽字铜贝信用化的过程。

楚国巽字铜贝是青铜铸造的、海贝形状的金属数量货币——铜钱。与秦国半两钱一样，楚国巽字铜贝铸造初期便发生了明显的信用化过程，并且楚国巽字铜贝的信用化过程要比秦国半两钱的信用化过程早大约 300 年。

周平王东迁洛邑，周室式微。公元前 7 世纪，楚国攻占了周王室的铜矿产地——铜绿山。楚国使用国家垄断的方式采矿冶铜，自然也使用国家垄断的方式铸造铜贝钱币。因此，楚国成为世界上最早的由国家垄断铸造钱币的国家。国家垄断铸造金属货币，为金属货币信用化提供了必要的条件。此时，楚国正在扩军备战，进行着争霸天下的战争。战争需要钱财，楚国采用虚币敛财的措施，减少铸造铜贝的用铜量。于是，楚国的巽字铜贝，在国家垄断铸造的条件下，很快就出现了信用化的状况。

第一节

铜贝源于人身佩饰"海贝"

在夏代墓葬中出土了海贝，说明海贝在夏代不仅可作为佩饰，而且已经是财富的贮藏手段。商代墓葬中出土的海贝甚多，说明其不仅可作为佩饰和财富贮藏手段，而且已经作为原始数量货币广泛流通。在西周及春秋战国时期的墓葬中，仍有大量海贝出土。此时铜钱已经开始在中国广泛流通，而海贝作为原始数量货币，在某些地区仍旧被使用。到了秦始皇灭六国统一天下时，贝类货币才最终退出货币流通领域。

铜金属出现之后，中华古人仿照海贝的形状铸造了铜贝。最早的铜贝是无文铜贝，出现在商代的墓葬中。商代墓葬中的铜贝数量较少，其功能主要是佩饰，并具备原始数量货币的性质。到了春秋战国时期，无文铜贝不再作为佩饰，已经成为数量货币，在商品交换中发挥着价值尺度和流通手段的货币职能。

一、铜贝的前身是佩饰海贝

夏商时期，人们以海贝作为佩饰。生活在黄河流域的古人，自然将来自大海的海贝视为稀罕之物，悬挂在身上来炫耀富贵。不仅活着的时候将海贝挂在身上，死后也要使用海贝陪葬。

夏代墓葬中已有海贝陪葬，商代墓葬中海贝甚多，周代墓葬中更是多有海贝。

夏代墓葬随葬海贝举例：

（1）1974~1983 年，内蒙古赤峰市大甸子发掘的夏商时代的夏家店下层文化墓葬中，有 43 座墓葬发现了海贝，共出土海贝 659 枚。[1]

（2）1975 年，在河南省偃师市二里头夏代遗址一座墓葬中发现海贝 12 枚，靠近尖端处皆有一个磨孔。[2] 海贝上的磨孔，显然是用来穿绳的。

（3）1984 年，河南省偃师市二里头夏代遗址发现了 12 座墓葬，9 号墓出土海贝 70 枚，11 号墓出土海贝 58 枚，皆置于墓底中部。[3]

商代墓葬随葬海贝举例：

（1）1929 年以来，四川省广汉市西北鸭子河南岸，相当于商代晚期的古蜀国三星堆祭祀坑里出土海贝 5220 枚。这些海贝一部分堆于坑底，一部分装在青铜尊、罍中。[4]

（2）1955 年，河南省郑州市二里岗商代早期墓葬中出土穿孔海贝 460 余枚。[5]

（3）1976 年，河南省安阳市殷墟发掘的妇好墓中出土海贝

[1] 黄锡全：《先秦货币通论》，紫禁城出版社 2001 年版，第 11 页。
[2] 中国社会科学院考古研究所二里头工作队：《偃师二里头遗址新发现的铜器和玉器》，《考古》1976 年第 4 期。
[3] 中国社会科学院考古研究所二里头工作队：《1984 年秋河南偃师二里头遗址发现的几座墓葬》，《考古》1986 年第 4 期。
[4] 《广汉三星堆遗址一号祭祀坑发掘简报》，《文物》1987 年第 10 期；《广汉三星堆遗址二号祭祀坑发掘简报》，《文物》1989 年第 5 期。
[5] 河南省文化局文物工作第一队：《郑州商代遗址的发掘》，《考古学报》1957 年第 1 期。

6880 枚。[①]

西周墓葬随葬海贝举例：

（1）1979 年，陕西省咸阳市淳化县西周早期墓葬中出土海贝 180 枚。[②]

（2）1981 年，宁夏固原市西周早期墓葬中出土海贝 195 枚。[③]

（3）1992 年，陕西省宝鸡市扶风县黄堆乡清理西周墓葬 11 座，在其中 8 座墓葬中出土海贝 167 枚。[④]

春秋时期墓葬随葬海贝举例：

（1）1961 年，山西省临汾市侯马县上马村 13 号墓（春秋早中期晋国大夫墓）中出土海贝 8 枚。[⑤]

（2）1978 年，河南省南阳市淅川县下寺春秋中晚期墓中出土海贝 4000 余枚。[⑥]

（3）1981 年，山东省济宁市曲阜县林前村春秋晚期鲁国墓中出土海贝 7 枚。[⑦]

战国时期墓葬随葬海贝举例：

（1）1953 年，河南省新乡市辉县固围村 2 号墓中出土海贝

---

① 中国社会科学院考古研究所安阳工作队：《安阳殷墟五号墓的发掘》，《考古学报》1977 年第 2 期。

② 淳化县文化馆：《陕西淳化史家塬出土西周大鼎》，《考古与文物》1980 年第 2 期。

③ 固原县文物工作站：《宁夏固原西周墓清理简报》，《考古》1983 年第 11 期。

④ 罗西章：《黄堆老堡西周墓葬出土货币的初步研究》，《中国钱币论文集》第 3 辑，1998 年。

⑤ 山西省文物管理委员会侯马工作站：《山西侯马上马村东周墓葬》，《考古》1963 年第 5 期。

⑥ 河南省文物研究所：《淅川下寺春秋楚墓》，文物出版社 1991 年版。

⑦ 朱活：《古钱新谭》，山东大学出版社 1992 年版，第 14 页。

727 枚，属于战国晚期魏国墓葬。①

（2）1953 年，河南省新乡市辉县琉璃阁 140 号战国墓中出土海贝 58 枚。②

（3）1984 年，山西省长治市潞城 7 号墓中出土海贝 100 余枚，属于战国早期墓葬。③

先秦时期，大量海贝作为陪葬物品，说明海贝已经不是墓主人的饰物，而是墓主人携带到阴间的财富，海贝已经从饰物转变为具有财富功能的货币。

在夏、商、西周、春秋、战国总共 1750 年建立的墓葬中，皆有大量的海贝出土，说明海贝已长期作为中华古人的佩饰，并具有财富价值，所以成为最常见的陪葬物品。在此期间，海贝不仅作为佩饰，而且逐步发展成为商品交换媒介、价值尺度、原始数量货币，并启发了古人仿铸铜贝的想象。铜贝产生之后，直到秦始皇统一天下，海贝与铜贝并行流通，在一些地区，仍旧发挥着价值尺度和流通手段的货币职能。

二、海贝曾是原始数量货币

商周时期，海贝既可以用作数量货币，充当商品交换媒介，发挥价值尺度和交换手段的货币职能，又可以佩挂在身上，充当日常生活用品，发挥使用价值，所以其属于原始数量货币，而不是完全意义上的数量货币。

---

①② 中国社会科学院考古研究所：《辉县发掘报告》，科学出版社 1956 年版。

③ 山西省考古研究所：《山西省潞城县潞河战国墓》，《文物》1986 年第 6 期。

作为原始数量货币，海贝的货币单位既可以是贝，也可以是"朋"。1朋是多少贝，众说不一。王国维说：

> 古者五贝一系，二系一朋。后失其传，遂误谓五贝一朋耳。[1]

古代5枚海贝为1串，2串为1朋。后来失传，误以为5枚海贝为1朋。

但是，海贝在沿海地区的价值甚低，但运到内陆后却价值百倍。此种在不同地区差距悬殊的价值，随着交通的逐步顺畅，难以长期稳定。与西方深山地区的玉石相比，东方沿海地区的海贝容易残损，难以持久佩戴。于是，到了周代，海贝终于部分地被玉石所替代，形成了玉贝并行的局面。

中华古代各地区经济发展不平衡，春秋中期楚国已经用青铜数量货币——铜贝替代了原始数量货币——海贝或早期的无文铜贝。然而，直到战国晚期仍有些地区还在使用贝类原始数量货币。因此，司马迁说：

> 及至秦，……珠玉、龟贝、银锡之属为器饰宝藏，不为币。[2]

秦始皇统一全国货币，停止了珠玉、龟贝、银锡的货币职能。这说明，当时有些地区还是以贝类作为原始数量货币的。

---

① 王国维：《观堂集林》：《说珏朋》，中华书局1959年版，第162-163页。
② 《史记》卷三〇《平准书》，中华书局1959年版，第1442页。

🐉 三、商朝时期无文铜贝的性质

商朝时期铸造的无文铜贝，属于兼具佩饰功能的原始数量货币。

中国古代在商朝时期（公元前 1600 年至公元前 1046 年）进入青铜时代，人们开始采矿冶铜，并仿照海贝的形状，铸造了铜贝。这些铜贝表面没有文字，被称为无文铜贝。此时的海贝，已经具备了原始数量货币的性质。因此，商代的无文铜贝一经生产，便继承了海贝的原始数量货币的性质。

（1）1953 年，河南省安阳市大司空商墓出土 3 件铜铸贝壳，系仿海贝铸造。[1]

（2）1969 年，河南省安阳市殷墟西区 620 号商代晚期墓出土铜贝 2 枚。[2]

（3）1972 年，山西省忻州地区保德县遮峪乡商代晚期墓出土铜贝 109 枚，最重的为 8.5 克，最轻的为 4 克，平均重量为 8.04 克。[3]

商朝时期墓葬中出土的无文铜贝，大小不一、轻重不一、形状不一，显然不是青铜数量货币，而是仿照海贝铸造的饰物，同时可以用来进行商品交换，行使货币职能，具有原始数量货币的性质。

---

[1]　马得志、周永珍、孙云鹏：《一九五三年安阳大司空村发掘报告》，《考古学报》1955 年第 9 期。

[2]　杨宝成、杨锡章：《1969~1977 年殷墟西区墓葬发掘报告》，《考古学报》1979 年第 1 期。

[3]　吴振录：《保德县新发现的殷代青铜器》，《文物》1972 年第 4 期。

商朝时期已经有青铜称量货币的存在。铜贝具有原始数量货币的性质，与青铜称量货币并行流通。从出土商代铜贝实物情况来看，商朝晚期铜贝重量大约为 8 克，应该是半两的重量。

四、春秋时期无文铜贝性质的转变

春秋时期铸造的无文铜贝，佩饰功能已基本消失，从原始数量货币转变为专用于货币职能的数量货币。

在西周时期（公元前 1046 年至公元前 771 年）的窖藏或墓葬中，几乎没有铜贝出土。然而，在春秋时期各诸侯国境地的墓葬中，却多有无文铜贝出土。

（1）1961 年，山西省临汾市侯马县上马村出土晋国无文铜贝 1600 余枚。[1]

（2）1981 年，山东省济宁市曲阜县林前村出土春秋晚期鲁国墓无文铜贝 588 枚，大型的重量为 6～7 克；小型的重量为 4.1 克。[2]

在春秋时期墓葬中出土的无文铜贝应属数量货币。如此大量的铜贝，显然不是作为墓主人的饰物随葬，而是作为墓主人的财富随葬。有学者认为，春秋时期的无文铜贝属于称量货币。但是，将青铜加工成贝形，需要不少的铸造成本。铸造无文铜贝，花费许多成本，目的当然是减少称量的烦琐。如果交易时仍需称量，投入大量的加工成本就变得毫无意义。所以，春秋时期的无

---

① 山西省考古研究所：《山西侯马上马村晋墓发掘简报》，《文物》1989 年第 6 期。

② 孙敬明：《齐鲁货币文化比较研究》，《中国钱币》1998 年第 2 期。

文铜贝不应该是称量货币，而应该是数量货币。

商代铸造的无文铜贝属于兼具佩饰使用的原始数量货币。经历了西周近 300 年的无文铜贝时代，春秋时期再次出现的无文铜贝，其佩饰功能已基本消失，已经成为专用于货币职能的数量货币。无文铜贝如图 2-1 所示。

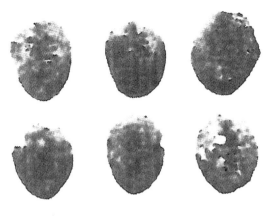

图 2-1　无文铜贝

第二节

楚人铸造铜贝的优势

据说，楚人是火神的后代，善于用火。但是，铸造铜贝不仅需要用火，还需要铜材。于是，楚武王攻占了周天子的铜绿山，掌控了天下最丰富的铜矿资源，采矿冶铜，为楚国的生产和军事提供了极为有利的条件。到了楚武王的重孙楚庄王的时候，楚国军事强大，东征西杀，成为天下的霸主。楚国争霸天下，战争花费了大量的钱财，便是楚国铜贝信用化的重要原因。

一、楚人是"火神"的后代

为帝喾管理火的官员是颛顼高阳氏的后代重黎。重黎专职管理火，让天下光明，民间温暖，所以被人们称作祝融。楚人的祖先就是祝融，因其擅长用火，被楚人奉为"火神"。

根据《楚居》记载，祝融的后裔分为8个部落，其中一个部落的首领名叫鬻熊，妻子名叫妣厉。妣厉难产，巫师给她做了剖腹产手术，用荆条缝合她的肚子。孩子诞生了，妣厉死去了。楚人为了纪念这位为繁衍后代而牺牲的母亲，将部落取名"楚"，即荆条的意思。后来，人们都将去世的母亲尊称为"妣"。

商朝末年，楚人深受商朝的压迫。

周文王姬昌邀请许多部落攻打商朝，鬻熊病死于战争中。周武王姬发打败商纣王后，分封诸侯，却没有分封楚人爵位。周成王大量分封诸侯的时候，封鬻熊的重孙熊绎为子爵，居住在南方的丹阳（今江苏省丹阳市）。

中原人瞧不起楚人，楚人只好向南扩张。扩张需要利器，当时的利器便是青铜兵器，而铜矿山掌握在周天子手里。楚人擅长用火，但是冶铜不仅需要火，还需要铜材。

公元前770年，周平王东迁洛邑，王室式微，楚人的机会来了。于是，楚人开始谋划占领周天子的铜矿山。

攻打周天子铜矿山的人是楚国的国君熊通。公元前741年，熊通策划了一场宫廷谋杀，在他的哥哥楚厉王去世之后，杀死了刚继位不久的侄子，自立为楚王，是为楚武王。50 年后，熊通已经老了，他却开始亲自率领军队攻打通往铜绿山道路上的随国，开始执行夺取周天子铜绿山的计划。

二、楚武王攻占铜绿山

我蛮夷也。①

这是楚国国君熊通的一句名言，原本是攻打随国时对随国强词夺理的一句话，翻译成现代语言就是："我是流氓我怕谁！"

公元前 704 年，楚国逼迫随国为楚国向周天子讨封尊号，周天子拒绝，熊通便自立为王，是为楚武王。公元前 690 年，楚武王亲自率军攻打随国。

楚国为什么总跟随国过不去，原因是随国为周天子守卫着铜绿山的必经道路——随枣走廊。铜绿山位于今湖北省大冶市西南，面积 2 平方千米，山上长满紫色的铜草花，下面是铜矿。考古发现，这里是古人采矿冶铜的遗址，遗留炼铜炉渣达 40 万吨，产铜量大约为 12 万吨。

青铜时代的铜是最重要的生产、生活金属材料。周天子将本家姬姓族人封在这里驻守，共有数十封国，史称"汉阳诸姬"，守卫着矿山和进出的道路。

楚武王在讨伐随国的路上去世了。但是，楚军取得了对随国战争的胜利，随国臣服了。楚国获得了铜绿山的铜矿资源，并且从随国那里学会了先进的铸剑技术，楚军的战斗力得到进一步

---

① 《史记》卷四十《楚世家》，中华书局 1959 年版，第 1695 页。

提升。

春秋时期，青铜仍是稀缺物资。为了独占青铜利器，保持楚军的优势，楚国限制铜金属出口。国君送给外国国君的礼品铜，也要限制其用途，不可以用于铸造兵器。《左传》云：

郑伯始朝于楚，楚子赐之金，既而悔之，与之盟曰："无以铸兵。"故以铸三钟。[1]

公元前 642 年，楚成王送给郑文公青铜，立刻又后悔了，与郑文公约定，不可以用这些青铜铸造兵器。于是，郑文公用这些青铜铸成了三钟。

钟是乐器，能够发出声响。如果作为量器，钟的容量等于古代的 800 升，相当于现代的 160 升。三钟的容量等于古代的 2400 升，相当于现代的 480 升。楚成王送给郑文公的青铜不多，还要限制用途，甚至两位国君为此誓盟。这说明，当时的青铜资源是十分稀缺、宝贵的。楚人掌握了铜矿资源，就获得了铸造铜贝的优势。

三、春秋霸主楚庄王

楚庄王熊侣是春秋五霸之一，他的高祖父是自称蛮夷的楚武王熊通。

公元前 741 年，熊通杀死侄子成为楚国的国君。公元前 704 年，熊通摒弃周王室封赏的子爵，自立为楚王。

---

[1] 《左传》《春秋经传集解》《僖公十八年》，上海古籍出版社 1997 年版，第311 页。

公元前 690 年，熊通去世，他的儿子熊赀继位，是为楚文王。楚文王打败了蔡国，灭掉了息国、邓国，迁都郢城。

公元前 675 年，楚文王去世，他的大儿子继位，后来被小儿子熊恽夺取了王位，是为楚成王。楚成王镇抚夷越，使楚国版图扩张千里，并在泓水战役中打败了当时的霸主宋襄公，在城濮战役中败给后来的霸主晋文公。

公元前 626 年，楚成王的儿子熊商臣发动军事政变，逼迫楚成王自杀，接替了楚王的位置，是为楚穆王。楚穆王灭掉江国、蓼国，逼迫陈国臣服。

公元前 614 年，楚穆王去世，他的儿子熊侣继位，就是楚庄王。楚庄王穷兵黩武，东征西杀。公元前 606 年，楚庄王的军队打到周天子都城洛邑附近，在周天子的地面上阅兵。周天子派大臣王孙满慰劳楚庄王和楚军。楚庄王问到周天子九鼎的轻重，受到了王孙满的蔑视。楚庄王说："我没有九鼎，但是楚国兵戟上的铜钩折下来，足够铸成九鼎。"王孙满则说："天子的地位，在德不在鼎。"

楚庄王经过反思，知道仅靠武力并不能得到中原人的尊重，就起用孙叔敖为令尹，在楚国实行文化改革，最后终于打败了陈国、郑国、晋国，成为各诸侯国认可的霸主。

四、楚国铜贝流通的终结

楚国垄断铜贝的铸行，始于公元前 7 世纪后期楚庄王统治之前，结束于公元前 3 世纪后期秦始皇统一天下、统一货币之时。

公元前 223 年，王翦率领的秦军攻入楚国的都城寿春，俘获了楚王负刍，楚国灭亡。

公元前 221 年，王贲率领的秦军攻打齐国，俘获了齐王建，齐国灭亡。秦王政统一天下，称始皇帝。秦始皇统一了全国法令、度量衡、文字、货币。其中，统一文字的结果最明显。楚国文字从此灭绝，以致我们无法辨识铜贝上的文字，近代出土的铜贝也无法界定其铸造时间和埋藏时间。

秦始皇废除各诸侯国的货币，令天下统一使用秦国的铜钱——半两钱，楚国铜贝的流通便宣告终结。

根据司马迁的记载，秦统一天下后的货币为三等：黄金、麻布和铜钱。其中麻布没有被提及，而"三等"二字，经过两千年的传抄，也变成了"（二）［三］等"。直到 1975 年，湖北云梦睡虎地出土了秦律竹简，其中《金布律》证实了在战国晚期及秦朝存在麻布货币的流通。秦朝废除各诸侯国的货币，统一使用黄金、麻布和铜钱，经历了怎样的过程，尚需进一步考证。

楚国铜贝退出流通一定也经历了一个过程。铜贝由铜金属铸造，币材本身具有价值。楚国灭亡之后，铜贝在某些地区继续流通也是很自然的事情。但是，从大体上看，楚国灭亡之后，楚国铜贝的流通便宣告终结，被废黜不用的铜贝在各地市场上逐渐消失了。

除了铜贝外，楚国的货币还有黄金。楚国黄金货币的形态是"金版"，由若干小方块组成，像联张的邮票，上面有字，最常见的字是"郢爰"。

秦始皇废除各诸侯国货币之后，楚国的"金版"可能被切割、重铸，或者以原状发挥货币职能。因为，在秦汉时期，黄金是法定货币，而黄金货币的一个重要功能是价值储藏。所以，秦始皇统一货币之后，楚国的黄金货币继续流通的时间比铜贝货币继续流通的时间更为长久。

第三节
国家垄断铸造巽字铜贝

根据对出土铜贝的考证，有文铜贝为楚国所独有，其他诸侯国只有无文铜贝。楚国铸造铜贝，一开始就采用了国家垄断铸行的方式。并且，楚国国家垄断铸行的有文铜贝，自始至终主要使用"巽"字作为币文。其他币文的铜贝，不足有文铜贝总数的1%，是楚国国家授权少数楚国贵族铸造的。

一、楚国铜贝多是巽字铜贝

上文说到，在商代墓葬里发现了无文铜贝，而在西周墓葬里几乎没有见到无文铜贝。春秋时期的墓葬，又出现了无文铜贝。春秋时期的无文铜贝，出现在多个诸侯国境地。在春秋中期的墓葬中，发现了有文铜贝。有文铜贝的出现，仅限于楚国境地。

楚国的巽字铜贝被称为"蚁鼻钱"或"鬼脸钱"。蚁鼻钱可能是楚国古语"一贝"的读音；"鬼脸钱"则是巽字铜贝的别称，因为巽字在铜贝上，看上去就是一个鬼脸。

黄锡全说：

这种铜贝广泛被发现，主要是近几十年的事情。……据不完全调查、统计，全国已出土楚铜贝一百余次，约计 15 万余枚。[①]

根据出土实物考证，楚国铜贝的种类，按照币文划分主要有"巽""夲朱""全""君""行""鈜""安""忻""遏"等。

巽：这个字历来有许多解释，有贝、咢、选等，都是货币单位。有学者认为，巽是地名，西周时楚的封邑是咢。楚国在咢地铸造铜贝，所以币文为咢。

夲朱：在楚国铜贝中，出土最多的是巽字铜贝，其次就是夲朱铜贝。夲朱铜贝在出土的有文铜贝中的占比大约为 0.4%。"夲朱"这两个字，也有许多种不同的解释，有学者解释为各六朱、女一朱、五朱、条等。

夲朱铜贝与巽字铜贝并行流通，所以两者的窖藏或墓葬也经常混合在一起。

（1）1962 年，陕西省咸阳市长陵车站出土窖藏巽字铜贝 73 枚，重量为 0.6~4.1 克；夲朱铜贝 48 枚，重量为 1~3.6 克。[②]

（2）1987 年，河南省信阳市固始县出土巽字铜贝 4700 余枚，重量为 1.1~2 克；夲朱铜贝 400 余枚，重量为 1.2~1.7 克。[③]

对同批出土的巽字铜币和夲朱铜币进行比较，两者的重量相近。由此推论，两者的币文应是不同的地名，而非不同的货币单位或不同的重量单位。有学者认为，巽是地名咢，是西周楚国的

①　黄锡全：《先秦货币通论》，紫禁城出版社 2001 年版，第 356 页。

②　陕西省博物馆：《秦都咸阳故城遗址发现的窑址和铜器》，《考古》1974 年第 1 期。

③　方宇光：《一批珍贵的楚贝币》，《中国钱币》1990 年第 3 期。

封邑；牟朱是地名象禾，是东周楚国的一个城邑。这两个地方是楚国铸造铜贝的中心。除了巽字铜贝和牟朱铜贝，其他币文的铜贝数量极少，在出土的有文铜贝中的占比还不到 0.1%。赵德馨认为，巽字铜贝是楚国国家铸造的，而其他文字的铜贝，则是由楚国国家授权少数楚国贵族铸造的。图 2-2 和图 2-3 为巽字铜贝和牟朱铜贝。

图 2-2　巽字铜贝

图 2-3　牟朱铜贝

二、近代出土的巽字铜贝

早在宋代之前，楚国铜贝就有发现。然而，楚国铜贝的大量出土，则是近代发生的事情。

出土的巽字铜贝呈椭圆形，上窄下宽，孔在窄的一方，源于佩饰悬挂上轻下重，一般有孔不透。这个形状显然是仿照佩饰海贝或佩饰铜贝铸造的。海贝小头儿有孔在上，穿绳挂在脖子上，作为饰坠，大头在下保持稳定。铜贝从无文到有文，从原始数量货币到数量货币,渐渐失去了佩饰的功能,穿绳用的孔就自透孔变为不透孔。

近代大批出土的铜贝有:

(1)1958年,江苏省苏州市昆山县正仪乡出土巽字铜贝200公斤,约计6万余枚。[①]

(2)1972年,山东省济宁市曲阜县董大城村出土巽字铜贝1坑,总计15978枚。[②]

(3)1981年,安徽省巢湖地区巢县黄山乡出土巽字铜贝1罐,总计5000余枚。[③]

(4)1982年,安徽省六安市西古城出土巽字铜贝2000余枚。[④]

(5)1985年,安徽省合肥市肥西县新仓乡出土铜贝11279枚,其中巽字铜贝11231枚、夅朱铜贝20枚、安字铜贝15枚、君字铜贝10枚、忻字铜贝3枚。[⑤]

(6)1987年,河南省信阳市固始县出土铜币5141枚,其中巽字铜贝4700余枚、夅朱铜贝400余枚、君字铜贝37枚、全字铜贝3枚、忻字铜贝1枚。[⑥]

(7)1992年,山东省临沂市出土巽字铜贝1罐,总计3000余枚。[⑦]

在上述7批出土铜贝总计102398枚中,巽字铜贝总计

① 黄锡全:《先秦货币通论》,紫禁城出版社2001年版,第358页。
② 孔繁银:《曲阜董大城村发现一批蚁鼻钱》,《文物》1982年第3期。
③ 黄锡全:《先秦货币通论》,紫禁城出版社2001年版,第359页。
④ 黄锡全:《先秦货币通论》,紫禁城出版社2001年版,第360页。
⑤ 吕长礼、梅凌:《安徽肥西县新仓乡出土蚁鼻钱》,《中国钱币》1994年第3期。
⑥ 方宇光:《一批珍贵的楚贝币》,《中国钱币》1990年第3期。
⑦ 《中国钱币论文集》第三集,中国金融出版社1998年版,第177页。

101909 枚，占总数的 99.52%；夅朱铜贝 420 枚，占总数的 0.41%；其他币文的铜币 69 枚，占总数的 0.07%。

三、巽字铜贝的铸行年代

楚国于春秋中期（公元前 672 年至公元前 575 年）的前夕，攻占铜绿山，开始了国家垄断采矿冶铜，并严格控制铜金属资源。此时，中原晋国已经开始流通铲形的青铜布币。在中原钱币流通的影响下，很快，楚国也开始铸行青铜钱币。由于楚国国家垄断铜金属资源，对于青铜铸币，当然也要实行国家垄断。否则，国家垄断铜金属资源就失去了意义。所以，楚国始铸铜贝，从一开始就采取了国家垄断铸造，并且采取了有文铜贝的形制。从出土有文铜贝的情况来看，巽字铜贝远比其他文字的铜贝多，占铜贝总数的99%以上。所以，可以推断，楚国铸行有文铜贝，自始就采用了巽字。楚国始铸巽字铜贝，发生在春秋中期，即楚庄王统治时期（公元前 613 年至公元前 591 年）之前。文献中记载了楚国攻打铜绿山，楚成王限制铜金属出境，楚庄王实行钱币改革的事情，证实了楚国巽字铜贝的始铸时间在楚庄王统治时期之前。为什么楚国采用有文铜贝作为国家垄断铸造的钱币，赵德馨说：

春秋中叶，楚国的势力迅速强大。眼见周王室衰微，齐、晋、宋等诸侯国称霸，各自建立自己的政治经济制度。楚王室为了争霸，为了形成能立国的独特制度，在各个方面进行了一系列的改革。这种改革所带来的楚国特色的出现，在出土的春秋中期楚文物上有鲜明的体现。在货币方面，这种改革就是确定有文铜贝为楚国的主要铜币，以与西周时期流通的、即传统的、春秋早中期中原地区一些诸侯国仍在使用的无文铜贝相区别。这项改革的成果就是楚国特色铜币制度。①

关于楚国铜贝的特点和演化趋势，赵德馨说：

所以这个时期有文铜贝的特点是：形体厚重、制作工整，币文种类多，主要流通在春秋中期、中晚期楚国的管辖境内。从现在出土物看，那种重7克、6克，以及5克多，而形制又规整的有文铜贝，……明显地显现出一种衰退现象。②

从文献记载的文字、出土文物的考证，以及现代考古研究的观点等资料综合来看，巽字铜贝产生于春秋中期，楚庄王统治时期之前。

四、管理巽字铜贝的专门机构

楚国铸造的各种铜贝，最多的是巽字铜贝。为了铸造巽字铜贝，楚国设立了管理巽字铜贝的专门机构和主管官员。《古玺汇编》中有"铸巽客玺"印章、上海博物馆藏"右铸巽玺"印章，说明楚国设立有"铸巽客"和"右铸巽"等官职，作为管理巽字铜贝的专门机构。

从上述文物来看，楚国确实曾经建立有管理巽字铜贝的专门机构。然而，这些机构自何时建立，目前尚无定论。除了管理巽字铜贝的专门机构，楚国还设有专门储藏钱币的库府。司马迁在

---

① 赵德馨：《楚国的货币》，湖南教育出版社1995年版，第233页。
② 赵德馨：《楚国的货币》，湖南教育出版社1995年版，第235页。

《史记·越王勾践世家》中讲道：楚国有"三钱之府"。

　　每王且赦，常封三钱之府。

　　每当楚王将要发布赦令时，常常要封闭三钱之府。

　　这个故事发生在战国初期，即范蠡归隐（公元前468年）至范蠡去世（公元前448年）的这段时间。当时的楚国，在楚惠王（公元前488年至公元前432年）的统治之下。

　　上述故事是讲范蠡派他的大儿子去楚国行贿，想把在楚国犯罪入狱的二儿子捞出来。当大儿子将财宝送给办事人之后，楚国朝廷传出消息，楚王下令封闭三钱之府。这是楚王即将发布赦令的明显信号。于是，范蠡的大儿子就把行贿的东西要了回来。办事人很生气，又做了一些手脚，楚王就下令把范蠡的二儿子处死了。

　　三钱之府是干什么的。有学者认为，三钱之府是楚国储藏金钱、银钱、铜钱的库房。这种说法源于司马迁的一句话：

　　虞夏之币，金为三品，或黄，或白，或赤；或钱，或布，或刀，或龟贝。[①]

　　虞朝和夏朝的货币，金可以分为三种：黄金、白银和青铜，又有钱、布、刀，还有龟贝。

　　在这句话里，金指的是金属，泛指金属称量货币，有黄金、白银和青铜。钱是圆形的铜钱，刀是刀形的铜钱，布是铲形的铜钱。另外还有龟贝，是海生壳类货币。从司马迁对货币的认识来看，他讲的故事里的"三钱"，不应该是金、银、铜，而应该是

　　[①]　《史记》卷三十《平准书》，中华书局1959年版，第1442页。

青铜铸造的数量货币。然而，当时的楚国并没有刀币。所以，"三钱之府"也不是储藏圜钱、布币和刀币三种钱币的库府。那么，"三钱之府"里的"三钱"究竟是哪三种钱呢？

逻辑地进行分析，为什么杀人要使用"三钱之府"？为什么赦免死罪要封闭"三钱之府"，这之间一定有着一些联系。在中国古代，杀人是一种仪式，用这种仪式来上告苍天，下镇妖邪，并且这种仪式是要开支一些费用的。"三钱"可能是指执行这种仪式所需支付的三种费用，而不是指整个国家的财政库府。如果仅仅因为赦免死罪，就把整个国家财政库府封闭，那么国家各项财政收支如何运行？合理的解释是，"三钱之府"是国家财政库府的一部分，是支付与杀人仪式相关费用的钱币库府。

总之，当时的楚国，不仅有管理巽字铜贝的专门机构，还有储藏巽字铜贝的库府。

第四节

巽字铜贝信用化的时间

从出土的楚国铜贝来看，当时楚国大小铜贝混合等价流通。楚国巽字铜贝的重量标准为半两。楚国国家垄断铸造巽字铜贝之后，很快就采取了节铜减重的措施，巽字铜贝迅速信用化。巽字铜贝信用化的时间发生在公元前 7 世纪晚期。从此，轻小铜贝代表足值铜贝的价值行使货币职能，大大小小的铜贝混合等价流通。这种情形，延续了大约 400 年，直到秦始皇统一天下，废除各诸侯国货币才告结束。

一、整批出土的大小蚁字铜贝

铜贝被大量发掘出土，是近几十年的事情。我们从 1961～1985 年出土的各批铜贝中随意抽取 10 批铜贝进行观察，各批铜贝都呈现出大小混杂在一起的情形。

（1）1961 年，河南省南阳市西峡县五里桥乡槐树湾村出土一罐蚁字铜贝，共 5 千克，各枚的重量为 0.75～3.9 克。[①]

（2）1962 年，陕西省咸阳市长陵车站出土窖藏蚁字铜贝 73 枚，各枚的重量为 0.6～4.1 克。[②]

（3）1962 年，山东省济宁市曲阜县鲁故城遗址出土有文铜贝，各枚的重量为 0.5～2.7 克。[③]

（4）1963 年，湖北省孝感市野猪湖出土铜贝 4745 枚，各枚的重量为 2.5～5.4 克。[④]

（5）1972 年，山东省济宁市曲阜县董大城村出土蚁字铜贝 15978 枚，各枚的重量为 0.6～4.2 克。[⑤]

（6）1976 年，安徽省蚌埠市固镇县濠城乡出土蚁字铜贝 3856 枚，各枚的重量为 1.06～5.65 克，一般重为 2.5～3.5 克。[⑥]

（7）1982 年，湖北省黄石市大冶县金牛镇黄牛村出土有文

① 柴中庆、谢宏亮：《西峡县出土一批楚铜贝》，《中原文物》1986 年第 1 期。
② 陕西省博物馆：《秦都咸阳故城遗址发现的窖址和铜器》，《考古》1974 年第 1 期。
③ 朱活：《古钱新探》，齐鲁出版社 1984 年版，第 197 页。
④ 程欣人：《湖北孝感野猪湖中发现大批楚国铜贝》，《考古》1964 年第 7 期。
⑤ 孔繁银：《曲阜董大城村发现一批蚁鼻钱》，《文物》1982 年第 3 期。
⑥ 王昭迈：《东周货币史》，河北科学技术出版社 2011 年版，第 453 页。

铜币5枚，其中巽字铜贝4枚，乎朱铜贝1枚，各枚的重量为4.5~7.0克。[1]

（8）1983年，山东省济宁市泗水县官元村出土巽字铜贝95枚，各枚的重量为1.5~3.8克。[2]

（9）1983年，安徽省阜阳市临泉县崔寨乡史庄村出土巽字铜贝2355枚，各枚的重量为1.4~3.6克。[3]

（10）1987年，湖北省云梦楚王城遗址出土巽字铜贝33枚，各枚的重量为1.6~4.4克。[4]

这10批出土铜贝是随意取出的，具有一定的代表性，其中最小的铜贝重量0.5克，最大的铜贝重量7.0克。从重量分布看，不能将其区分为不同的品种，所以，可以推定这些铜贝代表着相同的价值。

二、巽字铜贝的重量标准

黄锡全说：

根据河南固始及各地的发现，知其早期应为类似自然贝的空腹空背型，然后变为实心，由椭圆向圆形发展，个体由大变小，重量由重变轻。以"巽"字贝为例，一般通长1.2~2.1厘米、宽0.8~1.4厘米，重0.6~5.5克，多为3.2克左右。在湖北大冶，与"视金"铜钱牌同出一窖藏的有铜贝5枚（4枚"巽"，1

---

① 大冶县博物馆：《大冶县出土战国窖藏青铜器》，《汉江考古》1989年第3期。
② 赵宗秀：《山东泗水县出土蚁鼻钱》，《考古与文物》1987年第2期。
③ 冯耀堂：《临泉出土一批鬼脸钱》，《中原文物》1985年第1期。
④ 杨熙春：《钱币研究文选》，中国财政经济出版社1989年版，第284页。

枚"夅朱"），重者高达 7 克，小者也有 4.2 克。①

楚国国家垄断铸造巽字铜贝，随着时间的推移，形状从空心转为实心，越铸越小，越铸越轻。从近代出土的巽字铜贝来看，其重量为 0.5~7 克。黄锡全举例中的 5 枚铜贝，最重的为 7 克，最轻的为 4.2 克，放在一起，显然曾经混合等价流通。

楚国的重量制度 1 镒等于 16 两，1 两等于 24 铢。战国时期，楚国 1 镒的重量为 250 克；1 两的重量为 15.625 克；1 铢的重量为 0.6510 克。如果巽字铜贝的理论重量为半两，即 7.81 克，去掉铸造成本及铸币税，巽字铜贝的重量应该在 7 克左右。因此，我们可以推定，巽字铜贝的单位是 1 贝，1 贝最初的重量标准为半两。

南宋洪遵著《泉志》记巽字铜贝曰：

此钱上狭下广，皆平面凸，长七分，下阔三分，上锐处可阔一分，重十二铢，文如刻镂，不类字，世谓之蚁鼻钱。

南宋人说楚国巽字铜贝重量为 12 铢，即半两。古代楚国半两的重量，折合现代的 7 克多。南宋洪遵的考证，可以作为巽字铜贝最初重量为半两的一个佐证。

那么，楚国是否流通过重量为 1 两的铜贝？从大量出土的铜贝来看，楚国最初的铜贝重量为半两，而不是 1 两。商代的无文

_____

① 黄锡全：《先秦货币通论》，紫禁城出版社 2001 年版，第 362 页。

铜贝，以及更早的夏代的海贝，在相关的墓葬中都有出土。然而，迄今为止，我们没有发现超过半两重量的铜贝在楚国境内出土。这说明，楚国铜贝最初的重量标准只是半两。如果有 1 两重量标准的铜贝曾经作为货币在楚国广泛流通，那么，一定会留下遗迹，或窖藏或墓葬，终究会被后人发现。

随着时光移转，楚国巽字铜贝发生着明显的信用化，越来越小，越来越轻，甚至重量下降至 0.5 克左右。在这个信用化的过程中，楚国大小铜贝按照等同的价值发挥着货币职能。

三、信用化发生在春秋中期

上文说到，巽字铜贝始铸于春秋中期，楚庄王统治之前。那么，巽字铜贝的信用化发生在什么时间呢？

从目前出土的巽字铜贝来看，每批出土的巽字铜贝都呈现出大小混杂的状况，从未发现有整批半两重量的巽字铜贝出土。这说明，巽字铜贝的信用化发生在楚国始铸巽字铜贝初期。也就是说，楚国铸行巽字铜贝不久，巽字铜贝就发生了信用化，大小铜贝就开始混合等价流通。所以，在窖藏或墓葬中没有整批半两足重的巽字铜贝出现。

楚国始铸巽字铜贝不久，巽字铜贝就发生了信用化。这情形与秦国铸行半两钱的情形一样。秦国始铸半两钱是在公元前 336 年，比楚国要晚大约 300 年。秦国始铸半两钱之后大约 30 年，半两钱的重量就出现了大幅度的下降，从 12 铢下降到了 3 铢左右，此情形有出土半两钱为证。

与秦国相同的另一点是：楚国政府铸造轻小铜贝，并不废除足值铜贝，让大小铜贝混合等价流通。这样做的好处是：足值铜贝的流通可以稳定商品价格，轻小铜贝代表足值铜贝的价值发挥货币职能，为楚国节约了大量的铜材，支持了楚国争霸天下的战争。

楚国最初铸行的蚁字铜贝与秦国最初铸行的半两钱，两者都很快发生了大幅度的减重，或者说都发生了大幅度的信用化。其中原因是，两国最初铸行钱币的时候，都进行着争霸天下的战争。两国朝廷都需要从铜钱减重中获得利益，以支持战争。

楚国在这段时间里成了春秋五霸之一。公元前 626 年，楚成王的儿子熊商臣发动军事政变，逼楚成王自杀，接替了楚王的位置，是为楚穆王。楚穆王灭掉江国、蓼国，逼迫陈国臣服。公元前 614 年，楚穆王去世，他的儿子熊侣继位，就是楚庄王。楚庄王穷兵黩武，东征西杀。最后终于打败了陈国、郑国、晋国，成为天下各诸侯国认可的霸主。

连年不断的战争消耗了大量的钱财，楚国需要从铜钱减重的过程中收敛钱财。所以，楚国在始铸蚁字铜贝之后，很快就采用了虚币敛财的措施，使蚁字铜贝大幅度减重。于是，蚁字铜贝中的金属价值占比迅速下降，信用价值占比急剧上升，完成了楚国钱币最初时期的信用化过程。这个过程，发生在楚穆王和楚庄王时期（公元前 626 年至公元前 591 年）。

四、大小蚁字铜贝长期混合等价流通

自公元前 7 世纪楚国始铸蚁字铜贝，至公元前 221 年秦始皇统一天下，废除各诸侯国货币，蚁字铜贝大约流通了 400 年。从出土的各批蚁字铜贝来看，这期间流通的蚁字铜贝都是大小轻重混合在一起的。从出土的整批蚁字铜贝的轻重分布来看，无法从中分类。由此判断，这些蚁字铜贝都代表着同一价值。

如果1枚0.5克的蚁字铜贝可以当作7.0克的蚁字铜贝使用，那么，为什么百姓不把7.0克的铜贝销毁，再用这铜金属铸为14枚0.5克的铜贝来使用？销毁大铜贝，更铸小铜贝，其中利益巨大，足以使百姓铤而走险。然而，这种情形并没有出现。其原因有两个：一是楚国政府财政收支接受轻小铜贝按照足值铜贝的价值进行缴纳；二是楚国政府严禁百姓铸造铜贝，严禁百姓销毁铜贝，不许百姓在商品交易时拒绝接受国家铸造的轻小铜贝。所以，蚁字铜贝能够长期保持着大小轻重混合等价流通的局面，以致出土的各期铜贝都呈现出大小轻重混杂在一起的情形。

但是，迄今为止，并未有楚国相关法令简文出土。楚人在各个不同时期窖藏或者墓葬的蚁字铜贝都是没有选择地混杂在一起，蚁字铜贝大小轻重等价流通，是怎样做到的，还是一个没有证据的谜案。若要揭开这个谜底，仍有待于今后有更多的文物出土和文献发掘的可靠证据。

第三章

减少金属含量的
罗马钱币

　　在中国战国时期金属货币发生信用化的同时，远在西方的罗马也发生着相同的事情。东西两大古国的金属货币信用化，都采取了减少金属含量的方式。

　　公元前 289 年，罗马共和国开始由国家垄断铸造阿斯（AS）铜币，1 阿斯铜币的理论重量为 327 克。公元前 27 年，罗马共和国转向罗马帝国的时候，阿斯铜币的理论重量已经减少到 11 克左右。

　　金属货币信用化需要具备的四个条件，阿斯铜币也基本具备，只不过与中国半两钱的情况略有差异。相同的是：阿斯铜币也属于金属数量货币——钱币；阿斯铜币也是由国家垄断铸造的。不同的是：阿斯铜币信用化并没有出现大小钱混合等价流通的局面，而是出现了足值银币与信用化铜币并行流通的局面，政府规定了银币与铜币之间的法定比价，大幅度减少金属含量的铜币依法代表足值银币的价值发挥货币职能。此外，与半两钱相比，阿斯铜币信用化更多地依靠市场的力量，法律强制的力量相对较弱。

　　到了罗马帝国时期，阿斯铜币减重的空间已经不大，政府虚币敛财的重点从铜币转向了银币，于是就发生了银币的信用化。

第一节

国家垄断阿斯铜币的制造

　　公元前 753 年，罗慕路斯建筑罗马城，开启了罗马的王政时代。公元前 509 年，罗马人民推翻了王政时代第 7 任国王小洛克文的统治，建立了罗马共和国。此时，殖民到意大利半岛上的希腊人和埃特鲁里亚人已经开始打制并使用金属数量货币——银币。但是，就罗马本土居民而言，直到公元前 4 世纪晚期，还没有自己制造的钱币，依旧使用以阿斯为单位的青铜称量货币。青铜称量货币的长期发展，以及外来民族使用数量货币的示范，使罗马本土居民产生了创建自己数量货币制度的设想。公元前 289年，罗马共和国国家垄断铸造阿斯青铜铸币，开启了罗马本土居民的数量货币时代。

一、青铜称量货币单位——阿斯

古罗马历史学家普林尼认为，罗马王政时代的第六任国王——塞尔维乌斯·图利乌斯（公元前 578 年至公元前 534 年）在公元前 6 世纪发明了青铜币。然而，这种说法并没有出土文物作为证据。

古罗马历史学家李维在《自建城以来》中也讲到，塞尔维乌斯从拥有 10 万或以上阿斯的人中组成 80 个百人队。考古证明，塞尔维乌斯统治时期的罗马还没有开始制造钱币。李维所说的阿斯，指的是青铜称量货币的单位。

《十二铜表法》（大约制定于公元前 451 年至公元前 450 年）也记载了阿斯被用来作为罚赎计量的货币：

蓄意采伐他人树木的犯罪者，每棵处以二十五阿斯的罚金。①

---

① 江平：《世界著名法典汉译丛书》《十二铜表法》，法律出版社 2000 年版，第 38 页。

这个条文只是普林尼在《自然史》中讲到的事情，考古并没有发现《十二铜表法》的存在。目前，根据各种资料记载汇总的《十二铜表法》，总计条文 104 条，其中 9 处使用了货币，用于诉讼保证金、罚赎等，货币单位不仅有阿斯，还有塞斯特提。但是，当时的阿斯和塞斯特提都是称量单位，并不是钱币名称。当时的青铜货币，尚处于称量货币形态。

直到公元前 4 世纪晚期，罗马依然是一个没有钱币的国家，而且也没有证据证明当时罗马有在使用其他国家的钱币。考古证据表明，罗马城邦未发现任何早于公元前 3 世纪的货币。[1]

公元前 3 世纪初期，罗马出现了以阿斯或罗马磅为重量单位的金属数量货币——青铜铸币。

整体来看，罗马共和国最初阶段的钱币，包括银币、以希腊币模制造的青铜代币和以 1 阿斯或者 1 罗马磅（或者约 1 罗马磅）为重量单位的青铜铸币。[2]

公元前 3 世纪初期，有了自己的青铜铸币，罗马人却开始使用外来民族的银币，主要是希腊德拉克马银币和埃特鲁里亚努米银币，让这些外来民族的银币与本土制造的阿斯铜币并行流通。

---

① 迈克尔·H. 克劳福德：《罗马共和国货币史》，张林译，法律出版社 2019 年版，第 21 页。
② 迈克尔·H. 克劳福德：《罗马共和国货币史》，张林译，法律出版社 2019 年版，第 36 页。

🐉 二、外来民族使用的白银数量货币

在意大利半岛上，最早的金属数量货币——钱币，是两种外来民族使用的银币：希腊人的德拉克马银币和埃特鲁里亚人的努米银币。此时，意大利半岛上的白银数量货币，只在外来民族人群中使用，而罗马本土居民则只使用青铜称量货币。

公元前 8 世纪，意大利半岛上出现了两个外来民族：希腊人（HELLENES）和埃特鲁里亚人（ETRURIA）。

当时，希腊人向海外殖民，进入南意大利和西西里岛。到了公元前 6 世纪末期，希腊人已经有了自己打制的金属数量货币。于是，希腊人在意大利半岛上开始打制银币。所以，意大利半岛上最早流通的钱币是希腊银币，单位是德拉克马（DRACHMA）。

除了希腊人之外，埃特鲁里亚人也在意大利半岛上打制银币。

根据考古发现，公元前 5 世纪，埃特鲁里亚人在武尔奇（今意大利中部的维泰博省）制造了银币。埃特鲁里亚人使用的银币的单位是努米（NUMMI），常用复数形式是努姆斯（NUMMUS）。

公元前 480 年至公元前 400 年生产，重量 11.2 克，直径 25 毫米，正面是两个翅膀的戈耳工①向左急行，背面是车轮的图案。如图 3-1 所示。

努米是个外来词汇，源自大希腊地区或西西里岛的钱币术语，通过埃特鲁里亚传入翁布里亚。罗马人也借用了这一"外来"词汇，并且用它来表达"标准货币"的意思。例如，在罗

---

① 戈耳工：希腊神话中的蛇发女妖三姐妹，见到她们的人就会变成石头。

图 3-1　埃特鲁里亚人 1 努米

马共和国时期，将标准银币狄纳里称为"NUMMUS DENARRI-US"（标准狄纳里）；将标准铜币塞斯特提称为"NUMMUS SES-TERTIUS"（标准塞斯特提）。

　　随着罗马共和国的崛起，罗马人出现了生产本土数量货币的需求。于是，在外来民族使用白银数量货币活动的示范下，罗马人开始将 1 阿斯称量货币的青铜制造成为 1 阿斯重量的青铜数量货币，仍旧使用称量货币单位的名称，称为"阿斯"。

三、青铜数量货币——阿斯的诞生

　　罗马共和国本土居民使用青铜数量货币——钱币之前，有一个青铜称量货币时代。

　　公元前 509 年至公元前 289 年，是罗马本土居民使用青铜称量货币、外来民族使用白银数量货币的时期。罗马本土居民制造和使用青铜数量货币，经历了一个逐步发展和演化的过程。最初，罗马本土居民开始制造青铜块儿，作为货币使用。这种青铜块大小不一，依靠其含铜量发挥价值尺度和流通手段的货币职能。因此，它们仍然属于青铜称量货币的范畴。这种青铜块儿被称为"AES RUDE"（粗铜币），作为称量货币，粗铜币的主要称量单位是"阿斯",重量 327 克。1 阿斯等于 12 盎司,1 盎司重量为 27.25 克。1 盎司等于 24 斯克鲁普尔(SCRUPULUS),1 斯克鲁普尔重量为 1.135 克。

此后,罗马人又制造了有印记的青铜块,这种青铜块呈长方形,上面印着动物形象,被称为"AES SIGNATUM"(印记铜币)。

币 8:这枚罗马印记铜币公元前 285 年至公元前 275 年生产,重量为 1745 克,即 5 阿斯 4 盎司。正面的印记是大象右行;背面的印记是母猪左行。如图 3-2 所示。

图 3-2　罗马印记铜币

印记铜币仍然属于金属称量货币。

罗马本土居民制造和使用的青铜数量货币——钱币,始于公元前 289 年罗马共和国国家垄断制造的"重铜币"(AES GRAVE)。

根据学者国家的考证,公元前 289 年至公元前 211 年,罗马共和国国家垄断制造的货币主要是青铜铸币。此时,远在东方的中国,已经到了战国晚期。当时中国的核心货币也是青铜铸币,具体形制有布币、刀币、贝币和圜钱。铸币不同于打制币,铸币的制造方式是将金属烧熔为汁，浇灌在模具中，冷却后形成钱币；打制币则是将金属块放在模具中敲打，使其产生图案并形成钱币。

罗马共和国最早的青铜铸币的单位是 1 罗马磅，即 1 阿斯。英国货币学家迈克尔·H. 克劳福德说：

> 罗马早期的金属货币单位当然是 1 磅青铜，即 1 阿斯。尽管从以钱币形式出现开始，直到公元前 141 年，阿斯的重量都在持续减少，但它始终都是罗马的货币单位。[①]

根据英国货币学家罗伯特·泰耶的考证，罗马共和国时期，1 罗马磅的重量为现代的 327 克。

但是，目前出土的阿斯青铜铸币，一般都轻于 1 罗马磅。

罗马共和国国家垄断制造阿斯青铜铸币，便于向士兵发放军饷，以及向百姓征收赋税。

四、罗马共和国的阿斯铜币体系

罗马共和国时期的核心钱币是阿斯青铜铸币。在阿斯铜币体系中，除了 1 阿斯单位的青铜铸币，还有一些以阿斯为计量单位的、作为阿斯的倍数或者分数的各种分量的青铜铸币。

1. 塞斯特提（SESTERTIUS）

塞斯特提的拉丁文由"SEMI"（1/2）和"TERTIUS"（第三）组成，意思为第三个是半个。第三个是半个，暗含的意思是

---

① 迈克尔·H. 克劳福德：《罗马共和国货币史》，张林译，法律出版社 2019 年版，第 26 页。

前两个不是半个，而是整个。那么，全部的意思就是两个整个加上半个，即2.5。1枚塞斯特提铜币等于2.5枚阿斯铜币。

2. 都蓬第（DUPONDIUS）

都蓬第的拉丁文由"DUO"（2）和"PONDUS"（重量）组成，意思是2倍重量。1枚都蓬第铜币等于2枚阿斯铜币。

3. 塞米斯（SEMIS）

赛米斯的拉丁文"SEMIS"，意思是1/2。1枚塞米斯铜币等于1/2枚阿斯铜币。

4. 屈莱恩（TRIENS）

屈莱恩的拉丁文"TRIENS"，意思是1/3，1枚屈莱恩铜币等于1/3枚阿斯铜币。

5. 夸德伦（QUADRANS）

夸德伦的拉丁文"QUADRA"，意思是1/4。1枚夸德伦铜币等于1/4枚阿斯铜币。

6. 塞克斯坦（SEXTANS）

塞克斯坦的拉丁文"SEXTANS"，意思是1/6，1枚塞克斯坦铜币等于1/6枚阿斯铜币。

7. 盎司（UNCIA）

盎司的拉丁文"UNCIA"，意思是1/12，1枚盎司铜币等于1/12枚阿斯铜币。

在国家垄断制造铜币的条件下，铜币越造越小，越造越轻，无论是阿斯铜币还是以阿斯计量的各种分量的铜币，都出现了信用化的趋势。

第二节

阿斯铜币金属含量的减少

公元前 289 年，罗马开始由国家垄断制造阿斯铜币。很快，阿斯铜币就出现了大幅度的减重，信用性质上升，金属性质下降。在此期间，阿斯铜币金属含量减少的原因是接连不断的战争。公元前 211 年，第二次布匿战争尚未结束，阿斯铜币的重量已经从最初的 327 克减少到了 54.5 克。此后，罗马共和国的对外战争断断续续，继续耗费着大量的钱财。公元前 27 年，罗马共和国转为罗马帝国时，阿斯铜币的重量减少到了 11 克左右，仍然代表 327 克青铜发挥货币职能，基本上已经成为信用货币。

一、皮洛士战争时期的阿斯铜币

罗马青铜铸币的持续减重，原因是战争扩大了罗马对于货币供应的需求。公元前 280 年，伊庇鲁斯与罗马之间爆发了一场战争，这是一场特别耗费钱财的战争。

公元前 280 年，伊庇鲁斯（今希腊西北部及阿尔巴尼亚南部）国王皮洛士率领 2 万步兵、3000 骑兵和 20 头战象攻入意大利，击败了罗马军团，罗马军团损失了 7000 多人，皮洛士损失了 4000 多人。公元前 279 年，两军再战，皮洛士又一次击败罗马军团，罗马军团损失了 6000 多人，皮洛士损失了 3500 多人。皮洛士说："如果我再胜利一次，我可能就没有军队了。"后人将这种胜利称为"皮洛士式胜利",意为代价高昂的胜利。

　　然而,皮洛士战争使罗马出现了大量的货币需求。

　　自皮洛士战争时期以来,罗马一直在不间断地发行钱币。毋庸置疑,这些钱币在很大程度上是为了支付罗马军队而生产的。[①]

　　于是,阿斯青铜铸币发生了小幅度的减重。

　　这枚 1 屈莱恩青铜铸币公元前 280 年至公元前 276 年在罗马造币厂制造,重量为 94.55 克。正面是相交两霹雳,两侧共有 4 个圆点;背面是海豚的图案,下面有 4 个圆点。如图 3-3 所示。

图 3-3　1 屈莱恩青铜铸币

　　屈莱恩铜币即 1/3 阿斯,理论重量为 109 克,实测重量是 94.55 克,实测重量比理论重量少了 14.45 克,减少幅度为 13.3%。假定制造成本和铸币税总计为 10%,这枚铸币减重幅度

---

　　① 迈克尔·H. 克劳福德:《罗马共和国货币史》,张林译,法律出版社 2019 年版,第 47 页。

只有 3.3%。这枚铸币的生产时间是公元前 280 年至公元前 276 年，距罗马人始铸铜币的时间只过了大约 10 年，却已发生了较小幅度的减重。减重的原因，是皮洛士战争扩大了罗马对货币的需求。

不久，更大、更持久、更废钱的战争爆发了。

公元前 3 世纪，罗马已经成为意大利半岛的主人。但是，此时罗马的经济还十分落后。当时的迦太基（今北非突尼斯）商业发达，是西地中海沿岸的强国。当时罗马称迦太基为布匿库斯。迦太基有一支海军船队，保护着迦太基在地中海经营的贸易。公元前 3 世纪初，罗马在西西里还没有任何重大的商业或政治利益。当时西西里大部分属于迦太基，只有东方两个大城市是希腊人的殖民城：一个名叫叙拉古，另一个名叫麦散那。公元前 288 年，叙拉古一支自称"战神之子"的恐怖分子队伍攻入麦散那，叙拉古正规军前去麦散那进行围剿。"战神之子"引来了迦太基的军队，迦太基的军队所向无敌，打败了叙拉古的正规军。并且，迦太基的军队来了就不想走了。公元前 264 年，"战神之子"转头求助于罗马。

如果迦太基占领了麦散那，他们就得到了进攻意大利的据点。于是，罗马人派兵支援"战神之子"。布匿战争爆发了。

二、两次布匿战争时期的阿斯铜币

战争促进了钱币的增发，而钱币在战争过程中是不断减重的。

第一次布匿战争时期（公元前 264 年至公元前 241 年），罗马人打制了轮形纹饰的青铜币，这种青铜币的发行可能是为了支付罗马舰队的费用。

这枚 1 阿斯青铜铸币公元前 240 年至公元前 225 年在罗马造币厂生产，重量为 267.05 克。正面是门神雅努斯双面神浓须头像；背面是战船船艏的图案。如图 3-4 所示。

图 3-4　1 阿斯青铜铸币

这枚阿斯青铜铸币是第一次布匿战争之后铸造的，实测重量比理论重量减少了 59.95 克，减少幅度为 18.3，仍然属于小幅度的减重。阿斯铜币的大幅度减重发生在第二次布匿战争时期。

公元前 218 年，迦太基名将汉尼拔攻打罗马，第二次布匿战争（公元前 218 年至公元前 201 年）爆发。这次战争军费开支巨大。第二年，阿斯铜币的重量就减少到了 6 盎司，即半个阿斯的重量。

青铜铸币的重量标准也经历了一系列变化。毋庸置疑，战争爆发时 1 阿斯理论上仍重 10 盎司，但实际操作中会少于 10 盎司。起初，重量标准减到原标准的 1/2，即理论上 1 阿斯变成 6 盎司，然后降低至 1/3，最后到 1/4。考虑到这段时期罗马钱币的整体年表，我认为标准重量减半最合理的时间是公元前 217 年。[1]

迈克尔·H. 克劳福德认为，阿斯的标准重量在公元前 217 年减到了 6 盎司，然后又减到 4 盎司、3 盎司。

公元前 216 年，罗马军队在坎尼战役中惨败。公元前 215 年，罗马扩军备战，加征公民税。此后，战争终于发生了转机，罗马转败为胜。公元前 211 年，罗马军队攻陷叙拉古，古代著名科学家阿基米德死于罗马军人之手。

就在这一年，罗马共和国开始制造狄纳里银币。阿斯铜币也改为打制，不再采用铸造的方式。于是，罗马共和国建立起了一整套全新的货币体系。该体系基于塞克斯坦标准，即 1 阿斯的重量只有 2 盎司。

公元前 289 年至公元前 211 年共计 78 年的时间里，1 阿斯铜币的重量从 12 盎司降到了 2 盎司，即从 327 克降至 54.5 克，降幅为 83.3%，平均每 10 年降幅超过 10%，呈现出迅速信用化的趋势。

🐉 三、屋大维统一阿斯铜币的制造

罗马货币的统一经历了两个过程：一是货币种类从繁杂走向单一，统一为阿斯；二是铸币权从多元走向一元，集中到罗马元

---

[1]　迈克尔·H. 克劳福德：《罗马共和国货币史》，张林译，法律出版社 2019 年版，第 67 页。

首手中。这两个过程，都是在屋大维执政期间完成的。

整个罗马世界逐步建立单一货币体系，之后则是铸币权向军事指挥官并最终逐步集中于单一个人。尽管后来有些许发展变化，但到奥古斯都统治末期这两个进程都已基本完成。[1]

公元前 221 年，在遥远的东方，秦始皇击灭六国统一天下，废弃了各诸侯国的各种货币，全国统一使用秦半两铜钱，铸币权也从分散改为统一由中央朝廷行使。

一百多年之后，公元前 43 年，屋大维开始做同样的事情。首先，他重建了罗马货币体系——以铜币为核心的货币体系；然后，他夺取了元老院的铸币权，将铸币权逐步集中到自己的手里。

奥古斯都在公元前 43 年夺取了铸币权并在此后 17 年的革命岁月里一直握有此项权利。[2]

公元前 27 年，屋大维宣布将国家权力归还给元老院和罗马人民，其中包含了作为最高权力标志的铸币权。但是，公元前 19 年，屋大维又恢复了铸币权。此后，他不仅成为罗马世界的中央铸币权威，而且还彻底重构了罗马主要的流通货币——铜币体系。

---

[1] 迈克尔·H. 克劳福德：《罗马共和国货币史》，张林译，法律出版社 2019 年版，第 293 页。

[2] 迈克尔·H. 克劳福德：《罗马共和国货币史》，张林译，法律出版社 2019 年版，第 295 页。

公元前 19 年，屋大维恢复制造货币，刻印有屋大维肖像的银币是在西班牙造币场生产的。

这枚 1 狄纳里银币于公元前 19 年至公元前 18 年在西班牙某造币厂生产，重量为 3.69 克。正面图案是屋大维月桂冠面朝左肖像，两侧币文"CAESAR · AVGVSTVS"（恺撒·奥古斯都）；背面图案是八芒彗星，最上方芒线有光尾，上方币文"DIVVS"（先圣），下方币文"IVLIVS"（尤利乌斯）。如图 3-5 所示。

图 3-5　罗马 1 狄纳里银币

此后，罗马各届元首的肖像大多采用月桂冠。据说，这一年有彗星出现，人们认为是恺撒灵魂再现，所以制造了这种钱币，并在八芒彗星的周围印有纪念恺撒的币文"DIVVS IVLIVS"。

四、阿斯铜币是罗马共和国的核心货币

金属货币信用化是国家政府对核心货币实行的货币政策。

在罗马共和国时期，阿斯铜币是罗马的核心货币。罗马发行铜币，行省却在发行银币。罗马铜币信用化的时候，银币的价值

却相对稳定。到了罗马帝国时期，银币成为罗马的核心货币，金属货币信用化的对象就从铜币转向了银币。

在罗马共和国早期，流通中的货币是青铜称量货币，货币单位是阿斯。在罗马共和国中期，罗马人开始制造青铜数量货币——青铜铸币，货币单位仍然是阿斯。在罗马共和国后期，罗马人开始制造打制的铜币、银币和金币，货币体系日渐成熟，其中铜币是核心货币。

铜币是古罗马的核心货币，占据本位币的地位，但是流传至今者不多，作为传世的古钱，品相远不如金币和银币那样繁多。原因是：铜币的收藏价值不如金币和银币，所以很少被人们保存下来。然而，从货币的历史作用来看，罗马共和国的铜币远比金币和银币更为重要。

屋大维统一制币权，经历了一个漫长的过程。从公元前44年恺撒被刺杀至公元前31年亚克兴海战，流通中的主要货币是安东尼的货币。从公元前31年亚克兴海战至公元前27年元老院授予屋大维"奥古斯都"称号，屋大维只发行了一些金币和银币，用来遣散参战的军人。公元前27年，屋大维宣布归政于民，他停止在罗马发行货币，但在小亚细亚半岛和西班牙行省发行了一些金币和银币。公元前19年，屋大维被推举为终身执政官，便恢复了他的铸币权，重新在罗马发行货币，从此开始了统一货币的进程。

奥古斯都不仅变成了罗马世界的中央铸币权威，他还彻底重构了罗马主流的青铜币。①

继承罗马共和国的货币制度，铜币一直是信用货币。屋大维时期的阿斯铜币的重量只有罗马共和国制造阿斯铜币初期重量的1/24，即从 12 盎司减少至半盎司。

奥古斯都生产的新阿斯铜币，重约半盎司。②

根据罗马共和国的重量制度，半盎司重量等于四德拉克马重量，理论上是 13.625 克。但是，四德拉克马银币的重量只有 12克左右。这时候，阿斯铜币的重量往往比银币还要轻些，只有11 克左右，主要依靠发行者的信用进入流通。

第三节

铜币的减重与银币的相对稳定

在罗马共和国阿斯铜币大幅度减重的同时，与其有着固定法定比价的狄纳里银币却保持了长期的稳定。于是，阿斯铜币逐步成为虚币，狄纳里银币逐步成为实币，铜币与银币之间的比价出现了扭曲。然而，正是这种价值扭曲，保障了阿斯铜币信用化的

---

① 迈克尔·H.克劳福德：《罗马共和国货币史》，张林译，法律出版社 2019 年版，第 295 页。

② 迈克尔·H.克劳福德：《罗马共和国货币史》，张林译，法律出版社 2019 年版，第 297 页。

持续和稳定，使金属货币信用化达到了所需的效果。

一、金属含量相对稳定的狄纳里银币

公元前 211 年，罗马共和国建立了狄纳里银币制度。

狄纳里［DENARIUS］这个词汇源于拉丁文 "DENI"，意思是 10，即指价值等于 10 枚阿斯铜币。此时，罗马共和国规定，1 枚狄纳里银币等于 10 枚阿斯铜币。1 罗马磅白银打制 72 枚狄纳里银币。1 罗马磅的重量为 327 克，1 枚狄纳里银币的理论重量为 4.54 克。

这枚 1 狄纳里银币于公元前 211 年至公元前 210 年生产，重量为 4.38 克，正面图案是罗马女神戴盔肖像，头后有 "X" 标识，表示价值等于 10 阿斯铜币；背面的图案是狄俄斯库里兄弟持矛骑马向右奔跑，下方币文 "ROMA"（罗马）。如图 3-6 所示。

图 3-6　1 狄纳里银币

这时候，阿斯铜币的重量为 2 盎司，即 54.5 克。

公元前 201 年，第二次布匿战争结束时，狄纳里银币的标准重量从 1/72 罗马磅减少到 1/84 罗马磅，即从 4.54 克减少到 3.89 克。此后，狄纳里银币的重量保持了相当一段时期的稳定。

到了罗马帝国初期，阿斯铜币的理论重量为半盎司，即 13.625 克，实际重量在 11 克左右。

这枚 1 阿斯铜币于公元前 12 年至公元前 11 年在罗马造币厂生产，重量为 11.20 克，正面图案是屋大维光头面朝左头像，周围币文 "IMP · CAESAR · DIVI · F · AVGVSTVS · IMPXX"（最高统帅·恺撒·先圣之子·奥古斯都·二十届最高统帅）；背面中央币文 "SC"（元老院批准），周围币文 "PONTIFMAXIM · TRIBVN · POTXXXIIII"（大祭司·三十四届保民官）。如图 3-7 所示。

图 3-7　罗马 1 阿斯铜币

这枚 1 狄纳里银币于公元前 12 年在罗马造币厂生产，重量为 3.71 克，正面图案是屋大维橡枝冠头像，周围币文 "AVGVSTVS · ［XI］COS"（奥古斯都·十一届执政官）；背面图案是阿格里帕戴城齿冠头像，周围币文 "M. AGRIPPS · COS · TER"（阿格里帕·三届执政官），以及制币官名称 "COSSVS LENTVLVS"（柯苏斯）。如图 3-8 所示。

图 3-8　1 狄纳里银币

以上的阿斯铜币和狄纳里银币是同一时期、同一造币厂生产的，具有可比较性。阿斯铜币的实测重量略低于理论重量；狄纳里银币的实测重量也略低于理论重量。因此，我们可以采用理论重量进行比较。

从公元前 211 年至公元前 12 年，经历了 200 年的时间，阿斯铜币的重量从 54.5 克下降至 13.625 克，减少了 40.875 克，下降幅度为 75%；狄纳里银币的重量从 4.54 克下降至 3.89 克，减少了 0.65 克，下降幅度为 14.3%。并且，狄纳里银币重量下降发生在最初的 10 年，即第二次布匿战争后期（公元前 211 年至公元前 201 年），在此后的大约 190 年里，基本保持不变。

阿斯铜币重量大幅度下降时，狄纳里银币的重量却相对稳定，说明阿斯铜币的信用货币性质上升，而狄纳里银币保持着金属货币的性质。

二、阿斯铜币与狄纳里银币的比价

公元前 211 年，罗马共和国建立狄纳里银币制度的时候，

1 枚狄纳里银币兑换 10 枚阿斯铜币。

　　狄纳里银币与阿斯铜币的比价，是根据过去德拉克马银币与阿斯铜币的法定比价制定的。在公元前 211 年以前，罗马已经开始仿照希腊银币的规制制造和使用二德拉克马银币。二德拉克马银币与阿斯铜币的比价是 1∶20，即 1 枚二德拉克马银币兑换 20 枚阿斯铜币。由此推论，一德拉克马银币兑换 10 枚阿斯铜币。根据这个比价，罗马共和共开始制造本国的银币，采用一德拉克马的重量，制造等于 10 枚阿斯铜币价值的银币，称为"狄纳里"。

　　此后，阿斯铜币的重量大幅度地减少，而狄纳里银币的重量却保持了相对的稳定。如果以狄纳里银币表示的商品价格保持着稳定，并且阿斯铜币与狄纳里银币的比价仍然为 10∶1 的话，那么阿斯铜币就是在代表 1/10 狄纳里银币发挥货币职能，其信用化就取得了完全的成功。

　　然而，市场对于阿斯铜币的信用化是有反应的，并且从铜银金属比价的扭曲中发现了获利的空间。在阿斯铜币信用化的过程中，使用青铜制造铜币是有利可图的，而使用白银制造银币是没有利益的，甚至是亏损的。

　　罗马共和国后期的货币体系建立在阿斯铜币的基础上，而阿斯铜币的价值逐步转到发行者——国家政府的信用上。

　　显然，罗马在一定程度上总是基于信用来打制青铜币，但这并未妨碍它们被窖藏。[1]

----

　　[1]　迈克尔·H. 克劳福德：《罗马共和国货币史》，张林译，法律出版社 2019 年版，第 298 页。

迈克尔·H. 克劳福德指出，到了屋大维时代，阿斯铜币是基于信用制造的，而不是基于青铜的金属价值制造的。为了说明这一点，他指出当时银、铜的比价是扭曲的。

在采用了安息重量标准后的钱币中，银对铜的比率为 1∶110，而奥古斯都的狄纳里和阿斯所隐含的银对铜的比率则为 1∶55。[①]

少量价值的铜币，可以兑换多量价值的银币。这说明，在钱币制造中，制造铜币获得的铸币税多于制造银币。同时，这种现象也说明，罗马共和国后期的贵金属货币与贱金属货币在性质上出现了不同。中国古代也有类似的情况，金银货币是称量使用的，其中并无发行者的信用支持；铜币却是不用称量即可使用，主要依靠发行者的信用和法律的支持行使价值尺度和流通手段的货币职能。这一点，罗马与中国惊人的相似，尽管两国远隔千山万水，当时东方与西方的信息也不通畅，两者却不约而同地采用了同样的方法。

因为制造狄纳里银币成为亏损的事情，市场上阿斯铜币与狄纳里银币的实际比价已经大幅度地脱离了 10∶1 的法定比价，公元前 141 年，罗马共和国政府修改了相关法律，规定 16 枚阿斯铜币兑换 1 枚狄纳里银币，以缓解两者比价扭曲的问题。

普林尼在《博物志》中记载了这件事情：

---

① 迈克尔·H. 克劳福德：《罗马共和国货币史》，张林译，法律出版社 2019 年版，第 298 页。

……并且决定 16 阿斯应该兑换 1 狄纳里。[①]

根据罗马古钱币，公元前 140 年生产的狄纳里银币上的价值标志"XVI"（16）证明了普林尼的讲述。

三、元老院批准制造的阿斯铜币

公元前 27 年，屋大维被罗马元老院尊为奥古斯都，成为罗马唯一的统治者，罗马共和国转变为罗马帝国。

作为罗马帝国的元首，屋大维获得了原属于国家政府的铜币垄断制造权。但是，在屋大维制造的铜币上，都刻印了"SC"（元老院批准）的币文。屋大维在铜币上刻印这样币文的缘由便是阿斯铜币已经基本上成为信用货币了。

屋大维制造的铜币，以及他的家族世袭王朝——尤利亚·克劳狄王朝制造的铜币，除了个例外，都刻印了"SC"（元老院批准）的币文标识。但是，与此同时，屋大维及其家族世袭王朝制造的银币，却没有刻印"SC"（元老院批准）的币文标识。这种情形，一直延续到尤利亚·克劳狄王朝的最后一任元首——尼禄统治时期，金币和银币也出现了明显的减重。到了这个时候，金币和银币才被刻印上"EX SC"（出自元老院批准）的币文。

尤利亚·克劳狄王朝时期，制造铜币需要元老院的批准，制造银币不需要元老院的批准。这说明，铜币和银币已经成为两种不同性质的货币。铜币是信用货币，是虚币；银币是金属货币，

---

① 迈克尔·H. 克劳福德：《罗马共和国货币史》，张林译，法律出版社 2019 年版，第 167 页。转引自普林尼：《博物志》第三十三卷，第 45 页。

是实币。

阿斯铜币是信用货币，是虚币，为什么还能按照其名义价值进入流通呢？原因是罗马共和国政府将铜币指定为纳税货币。同时，元老院代表国家垄断了铜币的制造权。元老院使用越来越少的铜材，制造出越来越多的铜币。尽管阿斯铜币越来越小，百姓仍然可以按照其名义价值向国家缴纳赋税。特别是在战争期间，元老院对阿斯铜币采取了大幅度减重的措施，制造铜币所获得的利益就用来支付军事费用开支。

屋大维获得了垄断制币权，要百姓接受他所制造的铜币，就需要获得元老院的批准，以便百姓持有这些不足值的铜币可以用来按照其名义价值向国家缴纳赋税。而银币属于金属货币，罗马共和国时期分散在民间制造，依靠其本身币材的金属价值行使价值尺度和流通手段的货币职能，所以很少发生减重。屋大维依照1罗马磅白银制造84枚狄纳里银币的传统制造银币，使其仍然能够依靠本身币材的白银价值发挥货币职能，所以不需要元老院的批准，百姓亦可以接受使用。

尤利亚·克劳狄王朝期间，银币开始被帝国元首垄断制造，具备了减重的能力，从此便如同铜币一样进入了持续减重的过程。到了尼禄统治时期，银币出现了明显的减重，银币也被刻印上"EX SC"（出自元老院批准）的币文标识，以保障百姓能够接受使用。

四、银币并行是铜币信用化的制度保障

实币与虚币并行流通，一起发挥货币职能，具有重要的经济

意义，是古人智慧的体现。

如果没有实币的并行流通，市场上全部钱币一起信用化，一起减重，商品以钱币计量的价格就会跟随钱币减重的幅度而上涨，减少钱币金属含量的效果将会被商品价格的上涨所冲销。

于是，古人在创造虚币的同时，并不放弃实币，让实币与虚币并行流通。有了实币的并行流通，用实币保持各类商品价格的稳定，用虚币代表实币的价值发挥货币职能，金属货币信用化才能在商品价格稳定的情况下，节约使用金属，达到让钱币的名义价值中币材金属价值的占比持续下降和发行者信用价值的占比持续上升的目的。

金属货币信用化，不仅是古代各国战争的需求，而且也是商品经济发展的需求。商品经济的发展使商品的品类日益丰富多样，其价值规模的增长远远超过金属类产品价值规模的增长。换句话说，金属货币供给的增长速度不能满足众多商品种类供给的增长速度。金属货币信用化，在一定程度上缓解了货币流通总量增长缓慢的问题。

实币与虚币并行流通，是实现金属货币信用化的制度保障。罗马共和国时期，铜币与银币比价扭曲，是实币与虚币并行的体现。正是铜币与银币比价的扭曲，实现了罗马共和国的金属货币信用化，从而为罗马共和国的对外扩张战争以及商品经济的发展提供了必要的货币条件。

最早创造这种制度的国家是公元前 7 世纪中国的楚国，体现为大小铜贝混合等价流通。公元前 3 世纪的秦国，则将楚国的这种制度发挥到了极致。大小半两钱混合等价流通，从而使秦国从中获得了巨额利益，用以消灭六国，统一了天下。此后，西方的罗马共和国也采用了相同的制度，从中获取利益，将罗马的势力扩张到了地中海沿岸的广大地区。西方的罗马与东方的中国，采用了相同的制度。不同的是，中国古代实币与虚币并行，采用的是大小铜钱并行的方式，即大钱实币与小钱虚币并行的方式；罗马古代实币与虚币的并行，采用的是白银实币与铜币虚币并行的方式。

制定这种制度的结果是：实币与商品保持着等价交换，不等价交换被安排在实币与虚币的比价上。于是，为了实币与虚币非等价交换的持续性，以及虚币与商品之间的非等价交换的持续性，国家制定了专门的货币法律。

第四节

银币和金币金属含量的减少

到了罗马共和国末期，阿斯铜币的重量已经从 327 克减少到了 11 克。罗马政府继续减少阿斯铜币金属含量的空间有限，所以将虚币敛财的重点从铜币转向了银币和金币。

首先，罗马执政官安东尼仿照古希腊城邦帕加马王国的做法，将小亚细亚地区的四德拉克马银币的用银量减少到 3 德拉克马。到了罗马帝国时期，罗马城被大火焚毁，尼禄为了重建罗马城，降低了银币和金币的法定重量标准。此后，罗马元首卡拉卡拉将 2 狄纳里银币的用银量减少到 1.5 狄纳里，建立了安敦尼银币制度，同时又降低了金币的法定重量。罗马元首卡里努斯进一步减少狄纳里的白银金属含量，将 4 狄纳里银币的含银量减少到不足 1 狄纳里银币的重量。这些减少银币和金币金属含量的做法，使罗马统治地区的钱币出现了明显的信用化趋势。

一、安东尼制造的蛇篮币

蛇篮币是银币，是使用 3 德拉克马白银打制的、名义价值为四德拉克马的银币。

希腊化时期，小亚细亚半岛西北部有个古城名叫帕加马。帕加马王国的最后一个王朝是阿塔罗斯王朝（公元前 282 年至公元前 128 年）。公元前 180 年至公元前 160 年，帕加马王国的国王欧迈尼斯二世统治时期，重量只有阿提卡标准 3 德拉克马的一种银币，代表了四德拉克马银币的价值。这种银币的特点是，图案中有蛇从篮子里爬出来。在帕加马王国的领土内，这和 3 德拉克马重量的银币被当作四德拉克马银币使用。国王欧迈尼斯二世为了节约白银，创建了一个封闭的货币特区，让这种银币在这个与其他地区相隔离的区域内流通。

公元前 44 年，罗马元老院的一些共和派元老刺死恺撒，终结了"前三头同盟"以及恺撒的独裁。但是，亲恺撒派的人们采用武力反攻成功，迫使共和派逃出罗马。当时的执政官安东尼接管了恺撒的权力。此后，恺撒的养子屋大维、罗马市政官骑兵司令雷必达和安东尼三人结成"后三头同盟"，分割势力范围，统治整个罗马。安东尼的势力范围主要在东方。

公元前40年，为了加强与安东尼的政治联盟，屋大维把他的姐姐屋大维娅嫁给了安东尼。公元前39年，安东尼在小亚细亚半岛制造了他与屋大维娅两人叠面肖像的蛇篮币。

安东尼发行的蛇篮币币值四德拉克马，公元前39年在以弗所造币厂生产，重量为12.10克，正面图案是安东尼和屋大维娅叠面肖像，周围币文"M·ANTONIVS·IMP·COS DESIG ITER ET TERT"（玛尔库斯·安东尼·最高统帅·连任三届执政官）；背面图案是两条大蛇竖立起来拱卫着蛇篮，蛇篮上方站立着手持酒壶、依靠在藤杖上的酒神巴克斯，两侧币文"Ⅲ VIR·RPC"（治理共和国三巨头）。如图3-9所示。

图3-9　安东尼发行的蛇篮币

安东尼制造的蛇篮币，白银用量减少了25%，即在白银钱币中增加了25%的信用成分。

总之，蛇篮币是重量只有3德拉克马却被当作四德拉克马使用的银币。此后，这种方法逐步蔓延开来。从流通区域看，这种规则不再仅限于帕加马城邦，而是扩展到更为广泛的区域；从银币形制看，无论其有无蛇篮的图案，这种用3德拉克马重量白银制造的四德拉克马银币，广义地被称为"蛇篮币"。

二、尼禄实行的货币改革

罗马帝国元首尼禄（公元 54 ~ 68 年在位）实行的货币改革是将银币狄纳里（DENARRIUS）和金币奥里斯（AUREUS）的法定重量降低，通过增加银币和金币信用成分的方式，从民间掠夺钱财。

公元前 27 年，恺撒的养子屋大维被尊为"奥古斯都"，罗马共和国转为罗马帝国。屋大维对罗马实行独裁统治，建立了元首制的家族世袭王朝。这个王朝的最后一任元首便是尼禄，尼禄改革货币、虚币敛财的原因是罗马城被大火焚毁，需要大量的资金来重建。

罗马帝国时期，1 罗马磅重量为 327 克。罗马银币狄纳里的重量是 1/84 罗马磅，即 3.89 克；罗马金币奥里斯的重量是 1/40 罗马磅，即 8.18 克。

罗马帝国初期，狄纳里银币和奥里斯金币的实际含金量已经明显地减少，这种减少是逐步发生的。

屋大维时期，1 磅白银可以打制出 84 枚狄纳里银币；提比略时期，1 磅白银可以打制出 85 枚狄纳里银币；到了尼禄早期，1 磅白银可以打制出 89 枚狄纳里银币。屋大维时期，1 磅黄金可以打制出 40 枚奥里斯金币；提比略时期，1 磅黄金可以打制出 42 枚奥里斯金币；到了尼禄早期，1 磅黄金可以打制出 43 枚奥里斯金币。

公元 64 年，大火烧毁了罗马城。为了筹集资金重建罗马城，尼禄施行货币改革，同时加大了对罗马人民的赋税。

尼禄时期，狄纳里银币和奥里斯金币实际上已经出现了明显的减重。但是，从法律角度来看，狄纳里银币和奥里斯金币的法定重量并没有发生变化。尼禄的货币改革改变了狄纳里银币和奥里斯金币的法定重量。尼禄实行货币改革后的货币重量标准是：1磅白银打制96枚狄纳里银币，1枚狄纳里银币的法定重量降低至3.41克，比原来的法定重量下降了12.34%；1磅黄金打制45枚奥里斯金币，1枚奥里斯金币的法定重量降低至7.27克，比原来的法定重量下降了11.11%。

尼禄实行的货币改革，从法定标准上将狄纳里银币和奥里斯金币的重量都下降了百分之十几。但是，尼禄货币改革所引起的狄纳里银币和奥里斯金币重量的实际下降幅度却没有那么大。尼禄早期，狄纳里银币的实际重量已经下降至3.67克，尼禄将其继续下降至3.41克，下降幅度只有7.08%。尼禄早期，奥里斯金币的实际重量已经降至7.60克，尼禄将其继续下降至7.27克，下降幅度只有4.34%。无论如何，银币和金币法定金属含量的减少，使其信用成分明显增加。

尼禄的货币改革具有从民间敛财的性质，使百姓的货币资产发生了一定程度的缩水。尼禄掠夺了百姓资产，百姓要起来造反了。

大火过后，尼禄在大片被毁地区建起新的巨大宫殿，取名金宫。在金宫的入口处，耸立着30米高的尼禄铜像，从而加深了百姓关于尼禄放火的疑心。尼禄采用货币改革的方法剥夺百姓，此外还大幅度地增加了赋税。百姓对尼禄表示不满，尼禄便以残酷的屠杀来镇压人民，终于引发了各行省的反抗。

公元 68 年，军人叛乱爆发。元老院支持军人的叛乱，宣布判处尼禄死刑。很快，近卫军也抛弃了尼禄。于是，尼禄在秘书的帮助下，使用匕首自刎，结束了屋大维建立的、罗马帝国的第一王朝——尤利亚·克劳狄王朝。

三、卡里卡拉创建安敦尼币制

玛尔库斯·奥勒利乌斯·安敦尼（MARCUS·AURELIUS·ANTONINUS）是罗马帝国塞维鲁王朝的第二任元首（公元 211~217 年在位），人称卡拉卡拉。遵照父亲塞维鲁的遗嘱，卡拉卡拉竭力搜刮民财，让士兵们发财，以保障自己的统治。为了搜刮民财，卡拉卡拉创建了安敦尼币制，将 2 枚狄纳里银币的用银量减少到 1.5 枚狄纳里银币的重量，收敛了大量的钱财，为士兵们涨了工资。卡拉卡拉死后，安敦尼币制流传下来，被罗马帝国多任元首使用，继续发挥着虚币敛财的功能。

为了让士兵们发财，首先要扩大税源。卡拉卡拉在公元 212 年颁布敕令，对帝国境内的所有自由民授予罗马公民身份，让大家都来交税。随后，卡拉卡拉又将罗马公民的继承税从 5% 提高到 10%。卡拉卡拉的税务改革标志着罗马帝国由盛转衰。

除了扩大税源，卡拉卡拉还采取了虚币敛财的措施。

公元 215 年，卡拉卡拉创建了安敦尼币制（ANTONINIA-NUS）。安敦尼币是银币，等于 2 个狄纳里，却只有 1.5 个狄纳里的重量。狄纳里的理论重量是 1/96 罗马磅，即 3.41 克。2 个狄纳里的理论重量是 1/48 罗马磅，即 6.82 克。1.5 个狄纳里的重量是 5.12 克（3.41 克×1.5）。

　　塞维鲁王朝 1 安敦尼银币于公元 215 年生产，重量为 5.31 克，正面图案是卡拉卡拉芒冠面朝右头像，周围币文"ANTON-INVS·PIVS·AVG·GERM"（安敦尼·虔诚者·奥古斯都·日耳曼征服者）；背面图案是一只雄狮头部放射光芒朝左行进，爪下有霹雳，币文"PM·TRPXⅧ·COSⅡⅡ·PP"（大祭司·十八届保民官·四届执政官·国父）。如图 3-10 所示。

图 3-10　塞维鲁王朝 1 安敦尼银币

　　卡拉卡拉实行的货币改革，不仅发行了重量小于法定标准的银币，还将金币奥里斯的法定重量从 1/45 罗马磅减少到 1/50 罗马磅。1 罗马磅为 327 克，1/45 罗马磅的重量是 7.27 克；1/50 罗马磅的重量就是 6.54 克，奥里斯金币的重量减少了 0.73 克，下降幅度为 10.04%。

　　有了增收的税金和虚币敛财获得的资金，卡拉卡拉将军人的工资从每年 500 狄纳里提高到每年 750 狄纳里，因而得到了军人的广泛拥护。然而，公元 217 年，做了 6 年罗马元首的卡拉卡拉，还是被军人杀害了。

四、安敦尼币进一步信用化

卡拉卡拉死了，他创建的安敦尼币制却流传了下来，继续发挥着虚币敛财的作用，或者说，让银币进一步信用化。

卡拉卡拉去世 68 年之后，罗马帝国元首卡里努斯制造的安敦尼币，又有了新的变化。

卡里努斯的父亲卡鲁斯原本是罗马帝国的将军。公元 276 年，卡鲁斯趁罗马帝国元首普鲁布斯率军出征波斯之机发动政变，成为罗马帝国的元首。公元 283 年，卡鲁斯将长子卡里努斯和幼子努梅里安任命为共治元首（奥古斯都）。就在这一年，卡鲁斯在攻打波斯途中被雷电劈死，努梅里安率领军队撤退至小亚细亚时被谋杀，努梅里安的卫队长、大名鼎鼎的戴克里先被军人们拥立为罗马帝国的元首。留守罗马的卡里努斯又坚持了两年，公元 285 年被自己部队的军人杀害。在这两年里，卡里努斯制造的安敦尼币，已经远不足 1 枚狄纳里的标准重量，却被法定兑换 4 狄纳里。

卡里努斯 1 安敦尼银币于公元 283～285 年在罗马造币厂生产，重量为 2.87 克，正面图案是卡里努斯芒冠面朝右头像，周围币文"IMP·CARINVS·PF·AVG"（最高统帅·卡里努斯·虔诚和幸运者·奥古斯都）；背面图案是朱庇特站像，左手持杖，右手持维多利亚胜利女神，脚前有鹰，周围币文"IOVI·VIC-TORI"（致意胜利的朱庇特），线下有币文"KA·新月·B"。如图 3-11 所示。

图 3-11　卡里努斯 1 安敦尼银币

自从公元 215 年卡拉卡拉创建安敦尼币制，使用 1.5 枚狄纳里银币重量的白银制造等于 2 枚狄纳里银币价值的银币，至公元 283 年卡里努斯制造减重的安敦尼银币，这期间的 68 年里，历代罗马元首无不大量发行安敦尼币，以暴敛民财。安敦尼币越来越小，而其所代表的价值，到了卡里努斯的时候，却已经涨到法定兑换 4 枚狄纳里银币。

4 枚狄纳里银币的理论重量是 13.63 克，而出土的卡里努斯 1 安敦尼币的重量只有 2.78 克，比理论重量少 10.85 克，减少幅度为 79.60%。

识别安敦尼币的主要特征是钱币正面人物肖像头戴芒冠，而狄纳里正面人物肖像是不戴芒冠的。罗马帝国初期，钱币上的人物肖像头戴芒冠表示此人已经升天成神。自从尼禄货币改革以来，钱币上的人物肖像头戴芒冠则表示这枚钱币当 2 个使用。这种情形，不仅用在银币上，而且用在金币和铜币上。

罗马帝国时期，银币的金属含量被大幅度地减少。除此之外，银币的成色也出现了严重的问题。

第四章

提高名义价值的
中国铜钱

　　金属货币信用化最典型的方式是减少钱币的金属含量，即减少金属价值在钱币名义价值中的占比，提高信用价值在钱币名义价值中的占比。不减少金属含量，直接提高金属货币的名义价值，也可以达到减少金属价值在钱币名义价值中占比的结果。

　　减少金属含量的操作是政府静悄悄地进行的，通过绞长的时期一次次地铸行减重的钱币，让新铸钱币的金属含量逐步减少。减少金属含量的过程，是一个渐变的过程。提高名义价值则是政府大张旗鼓地操作，需要颁布法令，让钱币骤然升值，或者是让新钱的名义价值远远高于旧钱的名义价值，并且远远高于新钱币材金属的价值。提高名义价值的过程，是一个剧变的过程。

　　提高名义价值的途径有两种：一是对流通中的钱币提高其名义价值。中国古代楚庄王货币改制使用的就是这种办法，结果遭到失败。二是对新造钱币提高其名义价值，让新钱与旧钱并行流通。西汉末年王莽实行货币改制，使用的就是这种办法。采用这种办法实现金属货币信用化，新铸钱币所用的金属显然远远少于它所代表的金属货币的名义价值。新铸钱币一经生产，便具备了信用货币的性质。这种信用化的金属货币被称为"虚钱"。相对"虚钱"而言，流通中的旧钱则被称为"实钱"。为了以一当多地充当"实钱"使用，"虚钱"理论上要比"实钱"睈大一些，所以又被称为"大钱"，或者"虚币大钱"。

　　中国古代，不仅西汉末期出现了"虚币大钱"，而且在魏晋南北朝、唐朝、宋朝乃至清朝都出现了"虚币大钱"。

第一节

隋朝以前出现的"虚币大钱"

中国古代皇帝专制时期的历史可以分为两个阶段：隋代以前和唐代以后。朝廷通过提高名义价值，来实现铜钱信用化以聚敛民财的方式，在隋代以前就已经屡屡发生。其中，最早的案例发生在公元前 7 世纪末期，春秋五霸之一的楚庄王统治下的楚国。

一、楚庄王"以小为大"的改革

有文字记载的、人类历史上最早的提高货币名义价值的事情，发生在中国春秋中期的楚国。

公元前 7 世纪末期，楚国已经开始铸行铜贝钱币。楚庄王（公元前 613 年至公元前 591 年）实行货币改革，采用的便是对流通中钱币提高名义价值的办法，但很快就遭到失败。这件事情，被记载在《史记·循吏列传》中：

庄王以为币轻，更以小为大，百姓不便，皆去其业。市令言之相曰："市乱，民莫安其处，次行不定。"相曰："如此几何顷乎？"市令曰："三月顷。"相曰："罢，吾今令之复矣。"后五日，朝，相言之王曰："前日更币，以为轻，今市令来言曰，市乱，民莫安其处，次行之不定。臣请遂令复如故。"王许之。下令三日而市复如故。[①]

---

① 《史记》卷一一九《循吏列传》，中华书局 1959 年版，第 3100 页。

楚庄王认为钱贱物贵，就下令将小钱当作大钱使用。百姓因其产品的价格大幅度下跌，纷纷失业。市场主管官员向孙叔敖报告："市场价格混乱，百姓不能营业，下一步不知他们会去什么地方。"孙叔敖说："这情形有多久啦？"市场管理官员回答："3个月了。"孙叔敖说："那好吧，我现在就让旧法恢复！"于是，5天之后朝议时，孙叔敖对楚庄王说："前些日子改革币制，原因是钱贱物贵。现在市场管理官员来说，市场价格混乱，百姓不能继续营业，下一步不知他们会去什么地方。所以臣请求取消这次货币改制。"楚庄王采纳了孙叔敖的意见。恢复货币旧制的命令下达3天之后，市场便恢复了原来的稳定。

从这段文字看，楚庄王的时候，楚国已经有了金属数量货币——铜贝。这种铜贝已经不是称量货币，因为它的贵贱不是由秤砣确定的，而是由楚国政府确定的。在这次货币改制过程中，楚国政府改变铜贝的法定价值，影响了市场上的商品交易。

我们想象一下，改变铜贝的轻重贵贱，如何会使百姓"皆去其业"并"莫安其处，次行不定"？

楚国自占领铜绿山以来，政府垄断铜材，自然也垄断了铜贝的铸造。楚庄王"以为币轻"，自然是认为楚国政府铸造的铜贝的价值定低了，而不是认为其铸造使用的铜材用少了。所以，楚庄王采取了"以小为大"的措施，即下令将铜贝的法定价值从小改为大。换句话说，令商品的铜贝价格下降，让铜贝的货币购买力上升。物价下降，百姓出售产品亏损，才会"皆去其业"以及"莫安其处，次行不定"。

百姓无法生存，欲将行往他国，楚庄王当然不能忍受。在令尹孙叔敖的请求下，楚庄王立刻收回成命，恢复了铜贝原来的法定价值，市场也就立刻回归稳定。

楚庄王"以小为大"货币改革的主要内容是提高铜贝货币的名义价值，使其能够购买更多的商品。根据历史记载，这次货币改革失败了。但是，这次货币改革为后来各王朝制定货币法规和货币政策提供了经验。

二、王莽铸行的"大泉五十"

直接提高流通中钱币的名义价值，从而实现钱币的信用化，会影响商品生产和商品交换，不利于市场稳定。所以，西汉末年新朝皇帝王莽，采用了铸行新钱的方式，将新钱的名义价值法定为远高于其金属价值的水平，从而达到提高金属货币名义价值的效果。

王莽货币改革多次，第一次改革就铸行了法定价值等于50枚旧钱的新钱——"大泉五十"。"大泉五十"法定重量12铢，比1枚五铢钱的重量多7铢，价值却等于50枚五铢钱，其金属价值远远达不到它所代表的名义价值，显然属于提高了名义价值的"虚币大钱"。

然而，楚庄王提高货币名义价值的改革，只实行了3个月便以失败告终。王莽铸行提高名义价值的"虚币大钱"，却实行了16年，直到搞得天下百姓都活不下去，爆发了全国性的大起义，才算终止。

西汉末年的社会问题主要是贫富分化。富人兼并土地，使奴唤婢，生活奢侈腐化；穷人失去土地、生产资料，形成流民，举旗造反。王莽弑君篡位，建立新朝，实行改革，试图解决这些问题。

王莽改革的目标十分明确："抑兼并、齐庶民"，坚决消灭贫富分化。但是，怎样才能"齐庶民"，让大家一样呢？让大家一起富起来，王莽没有这个能力。让富人穷下去，王莽觉得还有些可能。仔细想想，富人的另一个名字又叫"有钱人"，若把天下大部分钱币收归国有，有钱人就没钱了，就与穷人一样了。于是，王莽开始实行货币改革。王莽货币改革的主要内容是铸行虚币，提高金属货币的名义价值，用来收兑旧钱，让百姓手里的货币资产缩水。

五月，更造货：错刀，一直五千；契刀，一直五百；大钱，一直五十，与五铢钱并行。民多盗铸者。禁列侯以下不得挟黄金，输御府受直，然卒不与直。①

公元 7 年 5 月，王莽发行新货币：错刀，1 枚价值 5000 枚五铢钱；契刀，1 枚价值 500 枚五铢钱；大钱，1 枚价值 50 枚五铢钱。三种新钱与五铢旧钱并行流通。百姓多有盗铸者。同时，法律禁止列侯以下的人持有黄金。如果有人持有黄金，则应送到皇家库府，皇家库府给予等值的铜钱。但是，交出黄金的人最终也没有得到等值的铜钱。

王莽铸行的"大泉五十"，法定重量为 12 铢，以 12 铢重量

---

① 《汉书》卷九九上《王莽传》，中华书局 1962 年版，第 4087 页。

的铜钱兑换 50 枚总共 250 铢重量的铜钱，净盈利 238 铢。况且，朝廷收兑来的五铢旧钱又可以销毁更铸为"大泉五十"，再兑换五铢旧钱。如此循环往复，朝廷将百姓手中的五铢钱每更换一遍，百姓手中的铜钱便缩水 95.2%，其价值都归朝廷所有。此后，王莽又发动了多次货币改革，都是以聚敛百姓钱财为目的。但是，当百姓手里的货币资产只剩下 4.8% 的时候，进一步的收敛就只是数量的增加，意义不大了。王莽的货币改革，搞得天下农商失业，食货俱废，民人至涕泣于市道。有钱人的货币资产被收走，还可以依靠实物资产生活；劳动者的货币资产被收走，生活就难以为继。于是，大规模的农民起义爆发了，王莽被斩杀于渐台。大泉五十如图 4-1 所示。

图 4-1　大泉五十

三、三国时期刘备铸行"直百钱"

两汉时期，商品经济非常发达，五铢钱流通十分繁盛，经常出现货币流通总量不足的情况。朝廷惯用的手段是将钱币减重，通过节铜增铸的方法来扩大货币流通总量，并获得更多的铸币利益。三国魏晋南北朝时期，国家分裂，各地政权对立，商品交换萎缩，货币经济衰败，铸行减重货币已经达不到预期的效果，所以，铸行虚币大钱成为各个政权掠夺民间财富用来支持战争的有效手段。此时，率先开铸虚币大钱先河者，便是刘备。

汉献帝建安十九年（公元 214 年），刘备攻打益州的刘璋，包围了成都。

初攻刘璋，备与士众约："若事定，府库百物，孤勿预焉。"及拔成都，士众皆舍干戈，赴诸藏竞取宝物。军用不足。备甚忧之。巴曰："易而，但当铸直百钱，平诸物价，令吏为官市。"备从之，数月之间，府库充实。①

攻打刘璋之初，刘备对将士们承诺："如果攻下成都，库府中的财物都是你们的，我分文不要。"攻入成都时，将士们扔下武器，到各库府争抢财宝。刘备没有拿到刘璋的财宝，却把部队给养出了问题。刘备十分发愁，左将军西曹掾刘巴建议说："这事情容易，应该铸造直百钱，按照现行的商品价格，让官吏们去收购物资。"刘备采纳了刘巴的建议，几个月后，刘备的库府里就装满了物资。

提高名义价值，使金属货币信用化，发行者从中获取利益，

---

① 《三国志》卷三九《刘巴传》，中华书局 1959 年版，第 982 页，注引《零陵先贤传》。

需要法律的支持。刘备铸行直百钱，用来收购物资，并非依靠法律支持，而是依靠军队的支持。这种信用货币，有军队的支持，百姓自然不敢拒绝接受。

目前，已经出土的刘备蜀汉政权铸行的直百钱有两种：一种铭文"直百五铢"；另一种铭文"直百"。铭文"直百五铢"者，比一般的五铢钱大一些，而铭文"直百"者，比一般的五铢钱还小。如图 4-2 所示。

图 4-2　直百钱

根据对出土实物的测量，"直百五铢"钱的重量一般为8.0~9.5 克（14.0~16.6 铢）[1]，有轻者不足 3 克（5.2 铢）。而"直百"钱的重量约为 2 克（3.5 铢），小者不足 0.5 克（0.9铢）。"直百五铢"钱重体大，应该是刘备初行直百钱的品种。

---

① 三国魏晋及南朝 1 斤折合现代 220 克，1 铢相当于现代 0.5729 克。

当时，1 枚"直百五铢"兑换 100 枚五铢钱。此后，蜀汉政权继续铸造直百钱，并逐步实施减重措施。"直百"钱应是"直百五铢"钱减重后的异变品种。

刘备铸行直百钱，以重量不足 10 铢的青铜代表 500 铢青铜，有效地抢掠了民间钱财，数月之间，就搞得府库里装满了物资。刘备铸行直百钱所获得的收益，就用来支持所需的军事开支。

🐉 四、南北朝时期的几种虚币大钱

南北朝时期（公元 420~589 年）铸行的虚币大钱有四柱五铢、布泉、五行大布和永通万国。这几种虚币大钱都出现南北朝晚期。

南梁敬帝太平二年（公元 557 年），南梁受到西魏和北齐的攻击和蚕食，南梁朝廷铸行"四柱五铢"，以解财政危局。"四柱五铢"与五铢钱并行流通，1 枚"四柱五铢"法定兑换 20 枚五铢钱，后来改为法定兑换 10 枚五铢钱。南梁铸行"四柱五铢"的当年，陈霸先代梁自立，建立了陈朝。不久，"四柱五铢"与五铢钱并行的制度，就被陈五铢所替代。

与南朝相比较，北朝铸行虚币大钱的种类更多。

北周（公元 557~581 年）由西魏政权转化而来，初年仍使用西魏五铢钱。北周武帝保定元年（公元 561 年），北周王朝铸行"布泉"，法定 1 枚"布泉"兑换 5 枚五铢钱，与五铢钱并行流通。

> 后周之初，尚用魏钱。及武帝保定元年七月，及更铸布泉之钱，以一当五，与五铢并行。[1]

---

① 《隋书》卷二四《食货志》，中华书局 1973 年版，第 691 页。

后周初期，使用的钱币是西魏的五铢钱。到了周武帝保定元年7月，朝廷铸行"布泉"钱，1枚布泉钱法定兑换5枚五铢钱，与五铢钱并行流通。

从出土实物观察，布泉钱铭文"布泉"，重约4.3克（7.5铢）。[①]"布泉"已经不是铭文"五铢"的钱币。

此时，北周人口大约为1250万，其中10%是寺院人口，影响了北周王朝的赋税和兵源。公元574年，北周武帝下令断佛、道二教，勒令僧尼还俗，焚烧经书，没收寺院财产。于是，北周王朝的赋税和兵源都得到了明显的增长。周武帝扩大赋税和兵源，是为了消灭北齐政权。北齐政权拥有2200万人口，是北周政权的劲敌。周武帝不仅需要兵源，还需要更多的物资。所以，除了扩大赋税，周武帝还铸行了虚币大钱，敛取更多的钱财，用来支持战争。于是，灭佛的当年，周武帝铸行"五行大布"，法定1枚"五行大布"兑换10枚五铢钱，与五铢钱及布泉钱三品并行流通。

建德三年六月，更铸五行大布钱，以一当十，大收商估之利，与布泉钱并行。[②]

周武帝建德三年（公元574年）六月，朝廷铸造五行大布钱，1枚五行大布钱兑换10枚五铢钱，获取了巨额的铸币利益，五行大布钱、五铢钱和布泉钱并行流通。

---

① 昭明、马利清：《古代货币》，中国书店1999年版，第154页。
② 《隋书》卷二四《食货志》，中华书局1973年版，第691页。

从出土实物观察，五行大布铭文"五行大布"，重约 4 克（7.0 铢）[①]。但是，五行大布以一当十，可以兑换 10 枚五铢钱。而"布泉"的体积比"五行大布"还要大，却只能兑换 5 枚五铢钱。官民双方自然舍"布泉"而造"五行大布"。不久，"布泉"就被废黜并退出了流通领域。

公元 576 年，北周武帝亲率大军攻打北齐，第二年便俘获齐后主，齐国灭亡。公元 578 年，周武帝病死。

周武帝的孙子周静帝大象元年（公元 579 年），北周王朝铸行"永通万国"，法定兑换 10 枚五铢钱。此时，布泉钱已经被废黜，永通万国、五行大布和五铢钱一起形成三品并行流通的局面。

北朝政权发行了多种虚币大钱，以提高名义价值的方式实现金属货币信用化，皆是因为备战。公元 581 年，杨坚代北周称帝，国号隋。公元 589 年，隋朝的军队攻灭南陈，南北朝归于一统。

第二节

唐朝铸行以一当十的铜钱

公元 621 年，唐高祖李渊始铸开元通宝，结束了西汉武帝五铢钱长期流通的局面，开启了非纪重铜钱流通时代。提高名义价值，制造虚币大钱，实现金属货币信用化的方式，在唐朝已经趋近成熟。但是，唐朝政府铸行的虚币大钱，都是流通一段时间之后，便退出流通领域。

[①] 昭明、马利清：《古代货币》，中国书店 1999 年版，第 154 页。

一、唐高祖创建开元通宝钱币制度

唐高祖李渊创建的开元通宝钱币制度中，开元通宝法定形制：

径八分，重二铢四絫，积十文重一两，一千文重六斤四两。①

开元通宝钱币直径 8 分，重量 2 铢 4 絫，10 枚开元通宝重量为 1 两，1000 枚开元通宝重量为 6 斤 4 两。如图 4-3 所示。

图 4-3　开元通宝

1 枚开元通宝可以称作"1 文"，10 枚开元通宝重量为 1 两，1000 枚的重量就是 100 两。16 两等于 1 斤，100 两就是 6 斤 4 两。

秦汉以来的重量制度，1 两等于 24 铢。1 枚开元通宝的法定重量为 2 铢 4 絫，即 1/10 两。这里所说的 2 铢 4 絫，是指南北

① 《旧唐书》卷四八《食货上》，中华书局 1975 年版，第 2094 页。

朝晚期北朝制度的 2 铢 4 絫，而非南朝制度的 2 铢 4 絫。唐朝继承南北朝晚期北朝制度，由于北朝重量标准正在快速上升，所以唐朝初期的重量标准比北朝晚期的重量标准更重一些。北朝晚期 1 斤为 600 克，唐朝初期 1 斤为 667 克。

唐朝 1 斤为 667 克；1 两为 41.69 克；1 铢为 1.7370 克。铢下面还有一个单位——絫，即 1/10 铢，重量为 0.1737 克。

唐朝 1 两为 41.69 克，即 24 铢。开元通宝的法定重量为 2 铢 4 絫，即 1/10 两，或者 4.169 克。

开元通宝的铸行，影响了中国的重量单位。唐朝以前的重量单位是斤、两、铢、絫。1 斤为 16 两，1 两为 24 铢，1 铢为 10 絫。开元通宝钱制规定，10 钱为 1 两。此后，"钱"逐步被人们接受为重量单位，代表 1/10 两，或者是北朝制度的 2 铢 4 絫。

唐朝的重量制度有大小制之分，大制每斤折合现代 667 克，小制每斤折合现代 222 克。唐朝重量的大制，继承了北朝制度的重量单位标准；唐朝重量的小制，继承了南朝制度的重量单位标准。中医文化流于南朝，医药处方散于民间，难以修改。所以，唐朝医药用秤来称量，继续采用小制。《通典》云：

调钟律，测晷景，合汤药及冠冕制，用小升、小两，自余公私用大升、大两。①

虽然唐朝明文规定医药称量时要用小制，实际上是大、小制并用，或者逐渐用大制替代了小制。

"钱"成为重量单位是由唐朝初期颁布钱币法令而形成的。

---

① 《通典》卷六《食货六》，中华书局 1988 年版，第 108 页。

但是，唐朝颁布的钱币法令只不过是规定了开元通宝的法定重量，开元通宝的实际重量在不同时期铸造时各有差异。因此，"钱"作为重量单位被广泛使用并不是法律规定的，而是民间约定俗成的。唐代法律规定的重量单位，依旧是"斤""两""铢"制度。《唐六典》云：

> 凡权衡以秬黍中者百黍之重为铢，二十四铢为两，三两为大两，十六两为斤。[①]

尽管如此，"钱"作为重量单位在唐朝还是被民间广泛地接受了，近代出土的许多唐朝金银器物上面有"若干两若干钱"的字样。

此外，开元通宝并非年号钱，此时朝廷的年号是武德，而不是开元。

二、唐高宗的虚币大钱"乾封泉宝"

我们把开元通宝看作"实钱"，即代表 1/10 两铜金属的钱币，唐朝最早出现的"虚钱"，便是唐高宗李治铸行的乾封泉宝。

贞观二十三年（公元 649 年），唐太宗李世民去世，李治即位，是为唐高宗。

唐代初期的战争连年不断，李世民征战一生，到了唐高宗李治的龙朔年间，唐朝的军队所向无敌，把唐朝的版图扩张到了唐代的最大规模。

唐高宗即位后，经历了大约 20 年的战争，随着一系列军事

---

① 《唐六典》卷三《尚书户部》，中华书局 1992 年版，第 81 页。

行动的胜利，唐朝开支的军费不计其数。在此期间，为了军事上的需要和朝廷多项开支的需要，唐王朝不得不开始铸造减重铜钱，铸币利益迅速上升，引发了民间大规模的盗铸。朝廷和民间都在铸造轻薄小钱，结果是流通中劣币日益增多，钱币的质量江河日下。唐高宗显庆五年（公元660年），正是唐王朝的军队攻入百济都城的当年，恶钱已经充斥市场，唐高宗诏令收兑恶钱。

> 显庆五年九月，敕以恶钱转多，令所在官私为市取，以五恶钱酬一好钱。百姓以恶钱价贱，私自藏之，以侯官禁之弛。高宗又令以好钱一文买恶钱两文，弊仍不息。①

显庆五年（公元660年）九月，唐高宗认为恶钱越来越多，命令地方官私下收购，用1枚好钱收购市场上的5枚恶钱。百姓因官定收购价格太低，私下收藏恶钱，等待官禁放松时再使用。唐高宗又下令以1枚好钱收购市场上2枚恶钱，百姓还是不肯兑换。

这里所讲的好钱，是唐太宗李世民执政时期铸行的旧钱，重量约为4.5克（1.079钱）②。这里所讲的恶钱，是唐高宗李治执政时期铸行的轻薄小钱，其中有朝廷铸造的，也有民间盗铸的，重量约为3.0克（0.720钱）。③唐高宗诏令以好钱1枚兑换恶钱5枚，是用4.5克铜换取15.0克铜，百姓当然不肯。唐高宗将兑换率改为好钱1枚兑换恶钱2枚，是用4.5克铜换取6.0克铜，

---

① 《旧唐书》卷四八《食货上》，中华书局1975年版，第2095页。

② 昭明、马利清：《古代货币》，中国书店1999年版，第161页。

③ 昭明、马利清：《古代货币》，中国书店1999年版，第162页。

百姓仍然不来兑换。百姓收藏恶钱，是因为不相信唐高宗的法令能够持久执行，并期望未来待朝廷废弃该项法令时，恶钱能够恢复到原来的法定价值。采用市场收兑的方式收效不大，恶钱继续泛滥成灾，唐王朝只好寻求更为有效的办法。

至乾封元年封岳之后，又改造新钱，文曰乾封泉宝，径一寸，重二铢六分。仍与旧钱并行，新钱一文当旧钱之十。周年之后，旧钱并废。①

到了唐高宗乾封元年（公元 666 年）封禅泰山之后，朝廷又改铸新钱。新钱铭文"乾封泉宝"，直径 1 寸，重量 2 铢 6 分，与开元通宝旧钱并行流通，新钱 1 文折合旧钱 10 文。计划在 1 年之后，旧钱全部作废。如图 4-4 所示。

图 4-4　乾封泉宝

---

① 《旧唐书》卷四八《食货上》，中华书局 1975 年版，第 2095 页。

新钱与旧钱重量相差不多，法定以 1 枚新钱兑换 10 枚旧钱。所以，这种新钱属于典型的虚钱。文中所云"二铢六分"中的"分"字，等于过去的"絫"字，1 铢等于 10 分，或者说等于 10 絫。"二铢六分"便是 2.6 铢（4.5 克）①。当时流通中的开元通宝恶钱，重量大约为 1.7 铢（3.0 克）。乾封泉宝的重量相当于流通中恶钱重量的 1.5 倍，法定以 1 换 10，便是以 4.5 克铜换取 30.0 克铜，朝廷自然可以大发其财。唐高宗计划得好，虚钱乾封泉宝铸行 1 年之后，便将流通中的开元通宝旧钱全部废止。朝廷采用法律强制来解决问题，百姓不换也不行。然而，实际情况远不如唐高宗所愿。此时，贞观盛世的政治强大局面已经结束，纲纪松弛，朝廷的法度难以执行。唐朝铸行虚钱，用来收敛流通中的恶钱，其结果与先前各朝的情况相似，虚钱流通引发了严重的通货膨胀，米帛价格暴涨，商业衰败。朝廷铸行虚钱，用少量的铜材铸造更多的名义货币，从中可以获得巨大的铸造利益，自然引发了民间盗铸。朝廷和百姓共同铸造虚钱，造成流通中名义货币量剧增，引起物价大幅度上涨。

但是，根据《旧唐书》所云，当时物价上涨的原因，是乾封泉宝的表面文字出现了错误，百姓不愿意接受，所以需要更多的铜钱才能买到商品。

乾封二年（公元 667 年）正月，朝廷经过讨论，决定废止使用乾封泉宝新钱，恢复使用开元通宝旧钱。至此，乾封泉宝只流通了 7 个月，便被废弃。

---

① 　唐代 1 铢折合现代 1.737 克。唐代 1 钱折合现代 4.169 克。

三、唐肃宗的虚币大钱"乾元重宝"

公元 755 年（唐玄宗天宝十四年），安禄山以诛杀奸臣杨国忠为名，在范阳起兵南下，与唐朝军队展开了持续的战争。

连年不断的战争，耗费了朝廷和百姓大量的钱财。各地节度使乘机扩大地方军事割据力量，藩镇与朝廷对峙的局面逐步生成。

百姓穷苦，流离失所，就要卖儿卖女。朝廷穷苦，打仗缺钱，就要想办法从百姓手里掠取钱财。战争期间，税收困难，朝廷从百姓手里掠取钱财最有效的办法，就是铸行虚币大钱。

肃宗乾元元年，经费不给，铸钱使第五琦铸"乾元重宝"钱，径一寸，每缗重十斤，与开元通宝参用，以一当十。①

唐肃宗乾元元年（公元 758 年），朝廷经费供应不足，铸钱使第五琦铸造乾元重宝钱，直径 1 寸，1000 枚乾元重宝重量为 10 斤。1 枚乾元重宝兑换 10 枚开元通宝，两者并行流通。

在直径和重量方面，乾元重宝比流通中的开元通宝都要大一些。乾元重宝法定直径为 1 寸，每千枚重为 10 斤。我们知道，开元通宝法定直径为 8 分，每千枚重为 6.25 斤（六斤四两）。乾元重宝的直径比开元通宝大 25%，重量比开元通宝重 60%。但是，1 枚乾元重宝法定兑换 10 枚开元通宝，朝廷用 10 斤铜就可以从百姓手里兑换 62.5 斤铜。所以，铸行乾元重宝是朝廷发财

---

① 《新唐书》卷五四《食货四》，中华书局 1975 年版，第 1386 页。

的捷径，是朝廷从百姓手里掠取钱财的有效措施。

乾元重宝的铸行，达到了朝廷预期的效果。不久之后，第五琦出任宰相。唐肃宗乾元二年（公元 759 年），第五琦下令铸行以一当五十的重轮乾元钱，期望扩大胜利成果，结果引发了严重的通货膨胀。

法既屡易，物价腾涌，斗米钱至七千，饿死者满道。初有"虚钱"，京师人人私铸，并小钱，坏钟、像，犯禁者愈众。郑叔清为京兆尹，数月榜死者八百余人。[1]

钱币频频改变之后，商品价格上升，1 斗米的价格涨到 7000 文钱，道路上躺满饿死的人。开始有"虚钱"这个说法，京城里人人私铸大钱，合并小钱，毁坏钟、像，违反禁令的人越来越多。郑叔清出任京兆尹，几个月内拷打致死 800 多人。

朝廷铸造虚币大钱收兑百姓的开元通宝，开元通宝瞬间缩水，价值只有过去的 10%。市场上的粮食物资被官府使用虚币大钱洗劫一空，许多百姓被饿死。为了活下去，京城里的人们都在盗铸虚币大钱。

第五琦搞乱了币制，当年就丢掉了宰相的职务，被贬到忠州做长史。然而，第五琦没有能够走到忠州，半路被朝廷派员截住，将他发配流放到夷州去了。

公元 762 年，安史之乱平息后，朝廷将所有钱币的价格统一起来，都是以一兑一地进入流通。于是，乾元重宝逐步退出了流

---

[1]　《新唐书》卷五四《食货四》，中华书局 1975 年版，第 1387 页。

通领域。乾元重宝如图 4-5 所示。

图 4-5　乾元重宝

四、实钱与虚钱并行是钱币信用化的制度保障

减少金属含量，实现金属货币信用化，就需要有足值金属货币并行的支撑，让足值的金属货币与信用化的金属货币混合等价流通，即在足值金属货币保障商品价格结构稳定的条件下，让减少金属含量的金属货币实现信用化。如果没有足值金属货币的支撑，对全部金属货币减少金属含量，将导致商品价格的普遍上涨，并不能达到金属货币信用化的效果。

这一点，在秦国半两钱、楚国巽字铜贝钱币制度上都有明显的体现。而罗马共和国阿斯铜币的信用化，则有着不同的特点。

阿斯铜币的信用化也采取了减少金属含量的方式，却没有保留足值的阿斯铜币与减少金属含量的阿斯铜币并行流通。而是让德拉克马银币和狄纳里银币与减少金属含量的阿斯铜币并行流通，从而保障了阿斯铜币的信用化进程。

提高名义价值实现金属货币信用化的方式不同于减少金属含量的方式，但是也需要有足值金属货币并行的支撑。例如，国家政府制造新钱，提高其名义价值，法定其价值等于旧钱的 10 倍，也需要有相对足值旧钱的并行支撑。在这种情况下，旧钱作为相对足值的金属货币，保障商品价格结构稳定，让提高名义价值的新钱代表相对足值的旧钱发挥货币职能。否则，如果让所有钱币的名义价值都提高 10 倍，将会导致商品价格的普遍上涨，达不到金属货币信用化的目的。

国家政府制造这种提高名义价值的新钱，在相对足值的旧钱并行流通的支撑下，就直接成为信用化的金属货币，被人们称为"虚钱"；而相对足值的旧钱，就被人们称为"实钱"。

实钱与虚钱并行流通，是通过提高名义价值实现金属货币信用化的制度保障。

然而，唐朝政府铸行的虚币大钱，都是在流通一段时间之后，很快便退出了流通领域。

第三节

宋朝铸行以一当多的铜钱

宋朝的商品经济达到了中国古代皇帝专制时期的顶峰，其钱币制造也是中国古代皇帝专制时期中最多的。宋朝从始至终流通的铜钱被称为"小平钱"，具有实钱的性质；随时立制铸行的，有折二、折三、当五、折十等，都是依靠法律提高名义价值制造的虚币大钱。

🐉 一、宋朝最早的虚钱——"大铜钱"

宋仁宗康定元年（公元1040年）爆发的宋夏战争，对宋朝钱币制度产生了重大的影响。战争不仅造成了陕西、河东的铁钱流通区，而且促进了宋朝最早的虚钱的铸行。

> 既而陕西都转运使张奎、知永兴军范雍请铸大铜钱与小钱兼行，大钱一当小钱十。……大约小铜钱三可铸当十大铜钱一，以故民间盗铸者众，钱文大乱，物价翔踊，公私患之。[①]

不久，陕西都转运使张奎、永兴军知府范雍请示铸大铜钱与小钱并行流通，大钱1枚当小钱10枚。……用3枚小铜钱的铜材大约可铸1枚法定兑换10枚小铜钱的大铜钱。于是，民间盗铸大铜钱者众多，币值大乱，物价飞涨，公私都受其害。

这种大铜钱的铭文为"庆历重宝"。1枚庆历重宝法定兑换小平钱10枚，所以又被称为"折十钱"。宋仁宗庆历年间（公元1041~1048年），朝廷铸行庆历重宝。截至目前，此类铜钱出土较多，可以佐证文献中的记载。

宋王朝铸行大铜钱，并规定大铜钱与小平钱之间的比率为1：10。从铸造所需铜材来看，铸造3枚小平钱所需的铜材，可以铸造1枚大铜钱。而铸造1枚大铜钱却可以兑换10枚小平钱。

---

① 《宋史》卷一八〇《食货下二》，中华书局1985年版，第4381页。

显然，这种大铜钱是典型的虚币，存在巨大的铸造利益，因此引发了民间大规模的盗铸，从而产生了严重的通货膨胀。宋仁宗庆历末年（公元1048年），三司使叶清臣等提出货币改制建议：

> 庆历末，叶清臣为三司使，与学士张方平等上陕西钱议，曰："关中用大钱，本以县官取利太多，致奸人盗铸，其用日轻。比年以来，皆虚高物估，始增直于下，终取偿于上，县官虽有折当之虚名，乃受亏损之实害。救弊不先自损，则法未易行。清以江南、仪商等州大铜钱一当小钱三，小铁钱三当铜钱一，河东小铁钱如陕西，亦以三当一，且罢官所置炉。"自是奸人稍无利，犹未能绝滥钱。其后，诏商州罢铸青黄铜钱，又令陕西大铜钱、大铁钱皆以一当二，盗铸乃止。①

宋仁宗庆历末年（公元1048年），叶清臣任三司使，他和学士张方平等上《陕西钱议疏》说："关中使用大钱，原本是因为官府得利太多，以致奸人盗铸，钱币一天天贬值。近年以来，大家都虚估商品的价值。民间虚估商品的价值，最终还是得由朝廷来补偿。官府虽然落得实施虚币，大小钱折几当几的虚名，实际还要受到采购价格上涨、朝廷开支增加的亏损之害。纠正弊端，如不付出一定代价，那么法律就难得实行。建议把江南、仪州、商州等地的大铜钱，规定为1枚法定兑换小钱3枚，小铁钱3枚法定兑换小铜钱1枚，河东小铁钱像陕西一样，也用小铁钱3枚法定兑换小铜钱1枚，再把官府设的冶炼炉也停止使用。"这样办理以后，奸人获利稍小了些，但还是没有禁绝滥铸钱币。随

---

① 《宋史》卷一八〇《食货下二》，中华书局1985年版，第4381-4382页。

后，皇帝诏令商州停铸青黄铜钱，又令陕西的大铜钱、大铁钱以1 枚法定兑换 2 枚小钱，盗铸的活动才停止了。

叶清臣讲了一个道理：铸造虚币大钱，朝廷获利过多，所以坏人盗铸求利，结果造成通货膨胀，物价暴涨。朝廷需要的是物资，而不是铜钱。物资价格上涨，朝廷收购物资的开支也就随之扩大。朝廷担当了铸造虚币的恶名，却又承受了扩大开支收购物资的实际损失，这事情简直是岂有此理。

宋仁宗的庆历重宝折十大铜钱的流通时间，在庆历年间，总共 7 年。庆历重宝如图 4-6 所示。

图 4-6　庆历重宝

二、北宋王朝大规模铸行"折二钱"

宋神宗熙宁二年（公元 1069 年），王安石开始实行变法，史称熙宁变法。宋神宗熙宁四年（公元 1071 年），北宋王朝大规模铸行折二钱：

陕西转运副使皮公弼奏："自行当二钱，铜费相当，盗铸衰息。请以旧铜铅尽铸。"诏听之。自是折二钱遂行于天下。[①]

陕西转运副使皮公弼上奏说："自从发行每枚法定兑换 2 枚小平钱的折二钱之后，工料耗费与钱值相等，盗铸钱币的活动停了下来。请命令把旧铜铅都铸成这种钱。"朝廷下诏采纳了这一建议。从此，折二钱便通行全国。

折二钱是一种虚钱，当王安石要在京师流通折二钱时，宋神宗担心让外国人知道，使他们认为宋朝贫穷，瞧不起宋朝。王安石解释说，贫穷并不丢人：

自古兴王如唐太宗、周太宗时极贫，然何足为耻？[②]

自古以来，兴盛邦国的皇帝有唐朝的李世民、后周的柴荣，他们的时代最为贫穷，又有什么可耻呢？

如果折二钱是实钱，宋神宗就不会担心外国人耻笑了。

宋神宗元丰年间（公元 1078~1085 年），是宋朝铸钱最多的时期，每年铸造铜钱 500 多万贯（50 多亿文）、铁钱 100 多万贯（10 多亿文）。

宋神宗时期，铜钱铸行量大增，其主要原因之一是王安石变法。按照新法的规定，税收中直接征收钱币的数量剧增，因此民间对钱币的需求出现了上升。朝廷批准大规模铸造折二钱。于

---

① 《宋史》卷一八○《食货下二》，中华书局 1985 年版，第 4382 页。

② 《续资治通鉴长编》卷二七六《神宗熙宁九年》，中华书局 1992 年版，第 6745 页。

是，折二钱从陕西推广到了全国。宋神宗铸行的折二钱，铭文"熙宁重宝"，出土甚多。

王安石变法的目的在于富国强兵，这一目标很快就实现了，朝廷获得了足够的军事物资和兵源。元丰四年（公元1081年），宋神宗发动了对西夏的大规模战争，结果宋军惨败。宋神宗欲立盖世奇功的梦想破灭，很快就忧郁病死。

宋神宗死后，赵煦即位，是为宋哲宗，朝廷的实际掌控人是宋神宗时期的高太后。高太后此时成为太皇太后，把持朝政，否定熙宁变法，开始了元祐更化。高太后病死后，熙宁党人势力又起，元祐党人纷纷遭贬。宋哲宗英年早逝，没有儿子，他的异母弟弟赵佶即位，即宋徽宗。宋徽宗即位后，朝廷权力移至向太后手中。向太后也反对熙宁变法，熙宁党人再遭打压，元祐党人势力又起。半年之后，向太后生了病，宋徽宗开始主政，宣布平息党争，建元年号"建中靖国"，意思是不偏不倚，团结治国。不料，向太后很快就去世了，宋徽宗立刻更改年号为"崇宁"，开始崇尚熙宁变法，起用熙宁党人。

蔡京的弟弟蔡卞是王安石的女婿。熙宁年间，经王安石举荐，蔡京进入中书礼房学习公事。由于王安石的支持，蔡京官运亨通，一路扶摇直上，不久官至中书舍人、龙图阁侍制、权知开封府。元祐更化时期，蔡京作为熙宁党人，被贬出朝廷，到地方为官。宋徽宗亲政之后，起用熙宁党人。此时，王安石早已去世，蔡京便以熙宁变法继承者的形象出任宰相，重新启动了变法的大业。

三、宋徽宗时期铸行的"当十钱"

北宋王朝铸行虚币大钱，起因于宋仁宗时期的宋夏战争。战争需要钱财，所以北宋朝廷在陕西境内铸行大铜钱，铭文"庆历重宝"，1 枚庆历重宝法定兑换 10 枚小平钱。

北宋王朝向全国推行折二钱，起因于王安石变法，变法使钱币需求量剧增，朝廷不得不大量铸行折二钱，铭文"熙宁重宝"，折二钱从此流通天下。

北宋王朝在全国范围推行当十钱，发生在临近灭亡的宋徽宗时期，这是蔡京变法的结果。

崇宁元年（公元 1102 年），蔡京被任命为宰相，上任后立即下令重新推行宋神宗时期的各项新法。此时，有个名叫许天启的熙宁党人，当时担任陕西转运副使，为了迎合蔡京，请求朝廷铸造折十钱。王安石变法时，曾经大量铸行折二钱。此时若铸行折十钱，名义价值比折二钱骤增 5 倍，侵害百姓利益意图过于明显，蔡京颇为顾忌，所以暂铸折五钱，试行以观其效。当年五月，朝廷下令陕西、江州、池州、饶州、建州，将准备当年铸造小平钱的铜料用来铸造折五钱。折五钱铭文"圣宋通宝"，其重量比小平钱略重一些。折五钱名义价值是折二钱的 2.5 倍，试行成功，未出问题。不久之后，朝廷即下令按照陕西大钱形制铸造折十钱，限当年铸行折十铜钱 3 亿文，折十铁钱 20 亿文。蔡京之所以这么做，一是认为折十钱在折五钱已经进入流通的基础上铸行，比折五钱仅大 2 倍，不会引起市场剧烈反应；二是估计当时钱币流通总量为 2000 亿~3000 亿文，初行折十钱的数量不足钱币流通总量的 1/10，对货币购买力影响不会太大；三是考虑折十钱在宋仁宗时期已有先例，可以参照祖制铸造。

与王安石的遭遇雷同，蔡京的做法也遭到朝野众人的反对。但是，蔡京此时当权，大家反对也没有用。崇宁五年（公元1106年）二月，天上出现彗星，有人乘机上书，指责蔡京的过失，蔡京被罢免了宰相的职务。不过，百姓盗铸当十钱的情形依旧未见好转，群臣纷纷上书批评当十钱。御史大夫沈畸上书说：

小钱便民久矣，古者军兴，锡赏不继，或以一当百，或以一当千，此权时之宜，岂可行于太平无事之日哉？当十鼓铸，有数倍之息，虽日斩之，其势不可遏。①

长期以来，百姓使用小平钱很方便，古代发生战争的时候，朝廷发行虚币大钱，1个可以当100个，或者当1000个，这种措施只是权宜之计，怎么能够用在太平无事的年代呢？铸造当十的大钱，可以获得几倍的利益。即使朝廷每天都行刑斩杀盗铸者，盗铸大钱的情形也是遏制不住的。

宣和六年（公元1124年），蔡京第五次拜相。此时，北宋王朝已经摇摇欲坠。一年之后，宋徽宗禅位给其子宋钦宗，自己逃到镇江避难。

宋徽宗宣和年间（公元1119~1125年），流通中当十钱的数量越来越多，通货膨胀也愈演愈烈，米价涨到每石400~1500文，比北宋初期米价每石100~300文的价格上涨了3~5倍；绢价每匹大约2000文，比北宋初期绢价每匹1000文左右的价格上

---

① 《宋史》卷一八〇《食货下二》，中华书局1985年版，第4388页。

涨了大约 2 倍。严重的通货膨胀，使百姓的生活日益艰难。

公元 1126 年，金兵攻入开封，北宋王朝灭亡，宋徽宗的当十钱流通终于宣告结束。

四、随时立制的虚币大钱流通制度

《宋史·食货下二》开篇即说：

钱有铜、铁二等，而折二、折三、当五、折十，则随时立制。行之久者，唯小平钱。①

钱有铜钱和铁钱两种，而把钱币铸成折二钱、折三钱、当五钱、折十钱等钱币，那是随时根据情况而制定的办法。通行较久的钱币，只有小平钱。

铜钱总量不足，铸铁钱以补充；实钱总量不足，铸虚钱以补充，这就是宋代钱币流通的基本状况。小平钱是基础货币，是实钱，持久流通。虚币作为补充，根据随时的需要，确定其与小平钱的法定兑换比率，与小平钱并行流通。宋代的虚币种类繁多，并不是特殊时期偶尔为之，而是随时立制，经常铸造。虚币与实钱并行流通，成为宋代钱币流通的一种常态。

南宋时期，淮河以北地区全部沦丧，长江与淮河之间地区成为宋金对峙的前线，经济遭受严重破坏，南宋王朝的经济主要依靠四川和长江以南地区，相比北宋时期，南宋的经济实力大大减弱。物价上涨造成铸钱成本上升，出现了铜贵钱贱的现象。相比

---

① 《宋史》卷一八〇《食货下二》，中华书局 1985 年版，第 4375 页。

北宋时期，南宋时期铸钱数量陡然下降。南宋经济总量下降，钱币流通总量相对充足，铸行虚币大钱的动力也就随之减弱。在此情况下，南宋前、中期铸行的钱币主要是小平钱和当二钱。

宋理宗端平元年（公元1234年），南宋与蒙古联合攻灭金朝。宋蒙战争随之开始。战事一起，朝廷财政立见不足，宋理宗端平、嘉熙、淳祐年间多铸虚币大钱。此后，随着战争的持久深入，铸行虚币大钱效果衰减，货币经济亦出现衰败，商品交换越来越多地采用以物易物的方式。

宋蒙战争是持久战，战争时紧时松，断断续续地进行了45年。南宋军民进行了长期的浴血奋战，宋朝皇帝死了4位，蒙古大汗蒙哥也死于四川战争途中。祥兴二年（公元1279年），蒙古军队终于攻打到南海沿岸，宋蒙双方战于崖山，战事惨烈，宋军大败。丞相陆秀夫身背小皇帝跳海自杀。

后宫及诸臣多从死者，七日，浮尸出于海十余万人。①

后宫女人、宦官等及朝臣都随着跳海自杀。公元1279年2月7日，有10多万具尸体漂浮在大海上。

宋朝灭亡。从此，蒙古王朝以落后的生产方式和政治制度替代了宋朝的经济繁荣与社会文明，中国社会出现了暂时的倒退。

---

① 《宋史》卷四七《瀛国公》，中华书局1985年版，第945页。

第四节

清朝咸丰年间的虚币大钱

　　清朝的虚币大钱是与清朝制钱相对应的钱币，始铸于咸丰三年（公元 1853 年），被称为"咸丰大钱"。咸丰大钱的铸行，破坏了顺治时期以来一贯实行的制钱制度，以"虚钱"替代"实钱"，结果使中国古代延续两千多年的圆形方孔钱币制度走向了消亡。

　　咸丰三年，清王朝始铸虚币大钱。从中国经济史来看，铸行虚币大钱多在财政匮乏时期，属于朝廷饮鸩止渴的无奈之举，亦可谓亡国之举。王莽、三国吴蜀政权、北宋徽宗、元顺帝、明熹宗都曾铸行过虚币大钱，结果都造成经济崩溃，国家灭亡。咸丰年间铸行虚币大钱，与过去各朝一样，原因是朝廷财政匮乏，实属无奈。

一、咸丰年间的朝廷财政

　　公元 1850 年，道光皇帝去世。当年，洪秀全在广西桂平县金田村起义。道光皇帝的第四个儿子奕詝继位，次年改年号为"咸丰"。

　　咸丰三年，洪秀全的太平军攻入南京，建国定都，与清王朝展开了持久战。清王朝军费开支巨大。根据《东华录》的记载，公元 1853 年 3 月 23 日，上谕：

军兴三载，需饷浩繁……统计所拨，已及二千七百余万两。①

公元 1853 年 6 月 16 日，户部奏称：

自广西用兵以来，奏拨军饷及各省截留筹解已至二千九百六十三万余两。见在银库正项待支银仅存二十二万七千余两。②

巨额的军费开支，使清王朝的财政陷入困境，而铜钱的铸造，又出现了严重的困难。

清王朝失去了大片富庶的土地，税收锐减，滇铜不能顺利经过战火笼罩的长江，铜材价格暴涨，铸造铜钱就出现了困难。咸丰皇帝谕：

现在京局铜钱短绌，各起运员多因江路梗阻，不能抵通。湖北省城现有存留两运铜斤，四川巴县现有卸载四运铜斤，据该部（户部）奏请，均令运赴樊城，或河南新野县登陆，即用商贩雇车揽载、包装、包卸之法，运抵河南内黄县，计程一千三百余里，即由楚旺集入卫河，交豫省运粮军船洒带，归各省运员押运，以期迅速抵通，接济京局之困。③

此后，由于滇铜无法外运，以致铜矿停开，直到公元 1867 年（同治六年）才恢复河运。铜金属的缺乏，严重地影响了清

---

①② 杨端六：《清代货币金融史稿》，武汉大学出版社 2007 年版，第 86 页。
③ 杨端六：《清代货币金融史稿》，武汉大学出版社 2007 年版，第 34 页。

王朝铜钱的制造。

🐉 二、咸丰元宝和咸丰重宝

赋税收不上来，铜钱铸造大幅度减少，打仗又等着钱用，所以清王朝不得不铸行虚币大钱，以助军用。咸丰大钱自公元1853年（咸丰三年）开始制造，逐步展开：

5月，先铸当十钱一种，文曰咸丰重宝，重量6钱、与制钱并行流通。清朝1斤重量为596.8克，1两重量为37.3克，1钱重量为3.73克。清朝制钱的理论重量为1钱，各个时期铸行制钱的法定重量经常超过1钱。使用6钱重量铜金属制造的当十钱，显然属于提高名义价值的虚币大钱。

8月，增铸当五十钱一种，重量为1两8钱。当十钱重量为6钱，金属价值占比为60%，当五十钱重量为18钱，金属价值占比降低至36%，信用化程度进一步加深。

11月，因巡防王大臣之请，又增铸当百、当五百、当千三种铜钱：当百者重量为1两4钱；当五百者重量为1两5钱；当千者重量为2两。由此计算，当百钱金属价值占比为14%，当五百钱金属价值占比为3.2%，当千钱金属价值占比为2%。这些虚币大钱基本上都已经是信用货币。

据《清史稿》云，咸丰大钱共分五等：

大钱当千至当十，凡五等，重自二两减至四钱四分。当千、当五百，净铜铸造，色紫；当百、当五十、当十，铜铅配铸，色黄。百以上文曰："咸丰元宝"，以下曰"重宝"，幕满文局名。[①]

大钱从"当千"到"当十"，共分 5 个等级，其重量从 2 两递减至 4 钱 4 分。"当千""当五百"的铜钱，采用纯铜铸造，呈紫色；"当百""当五十""当十"的铜钱，采用铜铅合金铸造，呈黄色。百文以上的铜钱，铭文为"咸丰元宝"；百文以下的铜钱，铭文为"咸丰重宝"，背面用满文铸铭铸造局的名称。

此后，又有多种大钱铸造，因此咸丰大钱种类不止 5 种。咸丰元宝如图 4-7 所示。

图 4-7　咸丰元宝

三、百姓盗铸咸丰大钱

咸丰三年（公元 1853 年）十月，京城的官府拿获盗铸大钱

---

① 《清史稿》卷一二四《食货五·钱法》，中华书局 1977 年版，第 3646-3647 页。

人犯王立儿等 6 人，起获盗铸当十大钱、当五十大钱共 23 枚，报请朝廷严办。刑部尚书德兴奏请皇帝，拟将王立儿等问斩监候，但念小民无知，比照私铸铜钱不足十千者，首犯匠人发配新疆给官兵为奴。

此后，又有当千大钱。当千大钱法定重量 20 钱，可以兑换 1000 枚制钱，铸造者每铸 1 枚当千大钱即可获利 980 枚制钱。所以，当千大钱一经铸行，便立刻引发盗铸。铸造"当五百""当百""当五十"皆可获得暴利，于是盗铸泛滥。

通州河西务一带，奸民聚众私铸，竟敢于白昼之中公然设炉铸造，地方官畏其人众，不敢查问。①

在通州河西务地区，奸民聚众私铸铜钱，竟然敢在白天公开设炉铸造。因为集聚铸钱的人很多，地方官府十分畏惧，不敢前去查问。

咸丰四年（公元 1854 年）六月，刑部尚书德兴遵旨改拟私铸罪名，私铸铜钱十千以上或不止 1 次者，为首匠人拟以斩监候。王立儿是京城里铜碗的匠人，德兴对于处置这样一个小民似乎很不上心。

皇帝对德兴的方案仍然不满意，于是，德兴又搞了一个十分复杂的方案，针对各种不同的情况，增加了枷号示众、杖刑、徒刑等惩罚办法。

---

① 石毓符：《中国货币金融史略》，天津人民出版社 1984 年版，第 101 页。转引自《东华录》咸丰。

各地私铸泛滥，朝廷的处置办法不得要领，官兵又抓不住盗铸大钱的百姓，皇帝很无奈。于是，有武官上折，请将抓办盗铸者的责任交给地方官员。副都统阿彦在《请饬地方严拿私铸》奏折中说：

迄今各县尚未报获一犯，积习因循，已可概见。伏思奸民贪利无厌，怒不畏法，地方官若不实力查拿，认真惩创，必致私铸日多，官钱日滞，于国计民生大有关系。[1]

四、圆形方孔铜钱制度走向终结

清朝咸丰年间，朝廷为提高铜钱的名义价值，制造当千、当百的虚币大钱，终于将铜钱制度彻底搞垮，延续两千多年的圆形方孔铜钱制度走向终结，代之而起的是圆形无孔的机制铜元。

咸丰末年，农民起义的问题还没有解决，外患又起。咸丰十年（公元1860年），英法联军攻入北京，咸丰皇帝逃往热河。国将不国，铸行虚币大钱已经意义不大，清王朝陆续废弃了各种虚币大钱，只存当十大钱一种。此时，1枚当十大钱只当2枚制钱使用，如果将其销毁更铸成制钱，则可铸造2枚制钱有余，所以虚币大钱已经名存实亡。

当十钱行独久，然一钱当制钱二，出国门即不通行。[2]

---

[1] 中国人民银行总行参事室金融史料组：《中国近代货币史资料》，中华书局1964年版，第313页。
[2] 《清史稿》卷一二四《食货五·钱法》，中华书局1977年版，第3648页。

只有当十钱流通时间较久，然而1枚当十钱只能当2枚制钱使用，而且走出京都城门便不能使用。

虚币大钱的铸行，给原有的制钱带来了新的含义。以前，制钱相对前朝古钱而言，专指本朝铸行的铜钱。咸丰年间铸行虚币大钱之后，制钱相对虚币大钱而言，具备了平钱的含义。1枚当十钱兑换2枚制钱，这里所云制钱意思是平钱，而非专指本朝制造的铜钱。1枚当十钱原本法定兑换10枚制钱，此时改为兑换2枚制钱，说明虚币大钱已经大幅度贬值。

同治三年（公元1864年），湘军攻入太平军都城天京（今南京），太平天国起义失败。太平天国的起义虽然失败，制钱流通制度却难以恢复。

咸丰年间铸行的铜钱，不仅只有最初几种，后来又由各省铸造的铜钱种类繁杂，超过了西汉末年王莽时期的宝货制。第一，咸丰钱制多变，虚币大钱铸行之后立即贬值，随着币值的下跌，铸钱法定重量频繁调整；第二，各局铸造铜钱，文字不同，兼有汉满回文，更使种类繁多；第三，币材种类多样，铜分紫红黄，又出现了铁钱、铅钱；第四，面额自一文至当千，可分16级。钱币种类繁杂，轻重颠倒，常有十重于百，百重于千的矛盾现象。各种铜钱之间比价矛盾，金属价值与名义价值比例失衡，造成销毁重铸获利机会。这样复杂的币制，百姓无法接受，只得转向以物易物的原始商品交换方式。

光绪十二年（公元1886年），清王朝决定重整货币制度，先令直隶江苏督抚购置机器制造铜钱，并饬令各省开炉鼓铸。但是，此时铜金属价格已涨至每百斤值银13～14两，铸造重量超过 1 钱的铜钱，不仅使朝廷亏损，而且引发百姓毁钱取铜。光绪十五年（公元 1889 年），广东钱局用机器制造制钱，质量精美，百姓无法仿造。但是，铜材和锌材的价格逐年上涨，制造制钱亏损甚巨。于是，光绪二十年（公元 1894 年），清王朝下令停止铸造制钱。制钱既不可恢复，虚币大钱又难以流通，自然要寻找一种新的符合当时客观需要的钱币形制。于是，新式机制铜元应运而生，中国历史上延续两千多年的圆形方孔铜钱制度终于结束。

第五章

提高名义价值的
日本铜钱

日本古代金属货币的信用化，发生在天皇专制达到鼎盛的奈良时代（公元 710～794 年）和平安时代前期（公元 794～958 年）。在此期间，日本朝廷铸行过 12 种铜钱，史称皇朝十二钱。在这 12 种铜钱中，多数种类属于提高名义价值的虚币大钱。到了平安时代后期，日本的货币经济衰落下去，进入了长达 600 年的无铸币时代。

第一节

日本封建皇朝的鼎盛时期

推古天皇的继位，此时日本的政治中心迁到奈良县的飞鸟，所以称为飞鸟时代。飞鸟时代是日本天皇权力逐步加强的时代。

推古天皇继位后，便发动了政治改革，使天皇权力得到加强。此后，大化年间（公元 645～650 年），孝德天皇推行大化改新，使天皇获得了完整的国家权力，日本的封建天皇专制制度从此建立。

公元 710 年（和铜三年），元明天皇迁都平城京（奈良），开启了奈良时代。从此，日本封建社会日渐繁荣，奈良时代和奈良文化便成为日本封建社会繁荣的代名词。正是这位元明天皇，在奈良时代前夕开始铸行日本官方发行的第一种钱币——和同开珎。

日本本土钱币的起源和发展，与日本天皇权力的加强和发展是同步的。

一、天皇专制制度的逐步加强

1万年前，经历了数十万年的石器时代，日本进入陶器时代，又称绳文时代。公元3世纪，日本经济从采集转向农耕，开始了弥生时代。此时，日本出现了"邪马台国"，国王是一位名叫"卑弥呼"的女王。卑弥呼女王派使臣来中国，与三国时期的曹魏政权有过一些往来。但是，我们至今也不知道这个邪马台国在日本的具体位置。公元4世纪，大和民族崛起，建立了大和国，武力征服了日本列岛上的一些国家，呈现出一个走向统一的日本雏形。大和国建立之后，开始了扩张版图的战争。

据传说，早在公元前660年，日本就有了天皇，号称"神武天皇"。然而，天皇在日本作为专制统治者的时间并不长，自公元6世纪大和国统一日本，天皇权力逐步加强，至奈良时代和平安时代前期达到顶峰，之后便出现了大权旁落的局面。

大和国是由葛城氏、石川氏等豪强联合建立的政权，天皇没有绝对的话语权。所以，在皇室斗争之外，日本朝廷里还存在权臣的斗争。在这些斗争中取得优势的，是天皇的外戚。

公元541年，钦明天皇纳财政大臣苏我稻目的两个女儿为妃，生下用明天皇、崇峻天皇和推古天皇等子女。苏我稻目死后，他的儿子苏我马子又将三个女儿分别嫁给皇室中的三个外甥，以外戚的身份掌握了国家权力。此时，掌握军队的大臣是物部氏，与苏我氏发生了斗争。

物部氏与苏我氏的矛盾首先爆发在宗教信仰方面。公元 552 年，佛教从朝鲜传入日本。物部尾舆认为"外来佛"会惹怒"日本神"，反对佛教传入。苏我稻目则支持佛教传入，苏我稻目去世后，苏我马子成为苏我氏的领袖。

苏我马子的外甥用明天皇去世后，为了确立新天皇，苏我马子与物部守屋发生火并，物部守屋被杀，苏我马子把持朝政，立他另一个外甥为天皇，即崇峻天皇。公元 592 年，苏我马子与崇峻天皇之间产生了矛盾。苏我马子害死崇峻天皇，立外甥女为天皇，便是日本历史上的第一个女天皇——推古天皇。

推古天皇任命用明天皇的儿子圣德太子为摄政大臣，开始了改革大业。推古天皇的改革，取消了官员世袭，削弱了贵族的力量，从而使天皇的权力得到加强。

推古天皇实行的改革史称"推古改革"。推古天皇推行了一系列措施，加强了皇权，推广了佛教，使日本进入了一个快速发展的时期。推古天皇时期，日本废除了官僚世袭制度，从而确立了以天皇为中心的皇权思想和中央集权制度。日本天皇权力由此走向顶峰。

公元 10 世纪，天皇的权力被架空。幕府时代，天皇更无实权。直到 19 世纪中后期，明治天皇时期，天皇才重新获得权力。第二次世界大战结束后，天皇成为象征性的国家元首，日本的政治实权掌握在内阁手里。

二、大化改新与律令制的建立

公元 607 年，推古天皇派遣小野妹子到中国学习隋朝的典章制度。公元 618 年，中国的隋朝灭亡，唐朝建立，日本遣隋使从此改为遣唐使，继续向中国学习先进文化和制度。在此期间，苏我氏作为皇室外戚，仍然在朝廷中拥有很大的权力。

公元 645 年，中大兄皇子（舒明天皇和他的皇后皇极天皇的儿子）联合中臣镰足，在从唐朝归国留学生的帮助下，铲除了苏我氏外戚权臣的势力，进一步加强了皇权。当时的女天皇——皇极天皇退位，欲让位给儿子中大兄皇子。中大兄皇子却拥立自己的舅舅孝德天皇。孝德天皇继位后，建元"大化"，发动改革，史称"大化改新"。

大化改新的主要内容是：废除部民制，仿照唐朝制度建立班田收授制和租庸调制；废除贵族世袭制，建立中央集权的天皇制国家，完成了从奴隶制社会向封建制社会的过渡。

孝德天皇去世后，中大兄皇子的母亲皇极天皇复位，改称齐明天皇。齐明天皇去世后，中大兄皇子继位，是为天智天皇。

天智天皇学习唐朝的制度，决心结束兄终弟及的天皇继承制度，实行嫡长子继承制度。公元 672 年，天智天皇去世，皇弟大海人皇子出家归隐，嫡长子大友皇子继位。于是，当年就爆发了壬申之乱。大海人皇子起兵击败大友皇子，成为天武天皇。此后，日本进入完善法律制度时期。

天武天皇仿照中国唐朝的制度，努力完善日本的法律。天武天皇去世后，他的皇后继位，成为又一个女天皇——持统天皇，继续完善法律。天武天皇和持统天皇颁布了一系列法令，形成以天皇为中心的中央集权制以及与之相配合的官僚体制，终结了过去的贵族部民制。

持统天皇之后，孙子文武天皇继位，于公元 701 年颁布《大宝律令》。文武天皇早逝，他的母亲继位，便是元明天皇。公元 710 年，元明天皇迁都平城京（奈良），开启了日本的奈良时代。

公元 715 年，元明天皇传位给女儿元正天皇。元正天皇在公元 718 年（养老二年）颁布了《养老律令》，对日本的行政区划、身份等级、军事制度作了规定，使日本社会进入了一种较为稳定的状态。

三、奈良时代商品经济的繁荣

奈良时代是日本封建社会商品经济最繁盛的时代，也是日本最早使用钱币进行商品交易的时代。

说到商品经济的繁盛，首先要了解社会文化的进步。一提起日本的古代文化，大部分人首先想到的便是日本的奈良时代。

奈良时代文化的兴盛，首先表现为佛教的兴盛。公元 753 年，受日本僧人的邀请，中国高僧鉴真和尚东渡日本，传道解惑，弘扬佛法。公元 756 年，鉴真和尚被日本政府封为"大僧部"，统领日本所有僧尼，在日本建立了戒律制度。鉴真和尚东渡不仅弘扬了佛法，而且对日本的医学、艺术、文化、雕塑、建筑等方面都产生了深远的影响。

奈良时代的特征是实行律令制度，据此，天皇的权力得到加强。但是，官僚体系仍由贵族充任，皇室与贵族的斗争并没有结束。

在中大兄皇子铲除苏我氏的斗争中，中臣镰足功劳最大。所以，中大兄皇子成为天智天皇的时候，就赐给中臣镰足姓氏"藤原"。中臣镰足的儿子称为"藤原不比等"。正是这个藤原不比等，起草了著名的成文法——《大宝律令》。藤原不比等把自己的两个女儿分别嫁给了天武天皇和圣武天皇，藤原家族就成了新的外戚权臣家族，辅佐天皇管理朝政。天皇幼小时，藤原氏便充当"摄政"；天皇长大时，藤原氏便作为"关白"，继续辅佐天皇管理朝政，从而形成"摄关政治"。皇族势力强大时，便摆脱了藤原氏的控制。但是，皇族也喜欢幼小的天皇，天皇的父亲以"法皇"身份居住在自己的"院"里掌握朝政，形成"法皇院政"。

商品经济的繁荣加速了社会贫富分化，班田制随之崩溃。日本朝廷为了保证财政收入，不得不采用新的租赋征课方式，让有一些财力的农户承包一定面积的耕地去租种，同时向国家缴纳相应的赋税。这些土地承包人被称为"田堵"。田堵将租种的土地冠上自己的名字，就形成了"名田"。"名田"可以继承和转让，国家土地就被私有化了。接下来的贫富分化以及土地兼并，使日本经济逐步走向了庄园经济。

四、平安晚期天皇权力的旁落

因为皇族万世一系，天皇世世相传，不曾改变，日本历史上的各个朝代便以行政中心所在地来界定。公元710年，元明天皇迁都奈良，飞鸟时代结束，奈良时代开始。公元794年，桓武天皇迁都平安京（京都），奈良时代结束，平安时代开始。平安时代的日本，在文化、经济、军事等方面都发生了进一步的变化。

在文化方面，如果说飞鸟时代和奈良时代的日本文化是汉文化的遗风，平安时代的日本文化就具有了自己的特色：平安时代日本小说的代表作有《源氏物语》；佛教则从知识阶层传至广大民众，净土宗兴起，往生成为苦难民众的解脱之路。

在经济方面，土地兼并兴起，出现了小名主和大名主。寺院和神社也掌握了大量的土地，庄园经济逐步形成。

在军事方面，为了保护土地，一些庄丁成为专业的武士，武士聚成集团，成为新兴势力。武士集团作为强大的军事集团和社会力量，必然会登上政治舞台。随着平安时代律令制的崩溃，日本社会在表面的繁荣下陷入混乱，各地武士集团纷纷叛乱。天皇派遣军人去平定叛乱，取得战争胜利的军人领袖又成为更大的武士集团首领。

在平定叛乱的军事行动过程中，源氏武士集团崛起，试图控制天皇。天皇依赖平氏武士集团打败了源氏，杀死了首领源义朝。

公元1181年，源义朝的儿子源赖朝组织力量，东山再起，打败平氏，攻入镰仓。赢得源平之争的源赖朝在镰仓设置"幕府"。从此，天皇失去权力，直到德川幕府垮台，武家制度始终作为日本治理国家的唯一方式，并以拥有强大军事实力的将军"代替"天皇统治日本。幕府时期的权力斗争，已经不是皇室与外戚的宫廷斗争，而是军事集团之间的兵戎相见。于是，战争不断，社会经常性地陷入动荡，人民陷入长期的痛苦。

第二节

日本历史上最早的铜钱

日本古代铜钱的流通和信用化过程，发生在天皇统治鼎盛时期——奈良时代和平安时代前期。日本官方最早发行钱币，发生在飞鸟时代临近结束的时候，兴盛于奈良前期，有效地支持了奈良时代商品经济的发展。但是，几十年后，奈良时代中期，日本朝廷学习唐朝制造虚币大钱的方法，将新造钱币的名义价值提高10倍，日本铜钱信用化的过程就此开始。

日本古代官方发行的第一种钱币是和同开珎，是元明天皇统治时期日本朝廷仿照中国唐朝的开元通宝铜钱铸造的。

一、始铸铜钱的元明天皇

元明天皇原名"阿陪皇女"，是奈良时代的首位天皇。她是天智天皇的女儿，嫁给她的堂弟兼外甥草壁皇子。草壁皇子没有继位天皇就去世了。"阿陪皇女"的姐姐兼婆婆持统天皇让位给孙子，也就是"阿陪皇女"的儿子"轻"，即文武天皇。文武天皇做了10年天皇也去世了。公元707年，阿陪皇女接替儿子做了天皇，即元明天皇。

公元708年（庆云5年），武藏国秩父郡进献和铜，日本从此有了自己采矿冶炼的铜金属。于是，元明天皇大赦天下，改年号为"和铜"。当年，元明天皇命人模仿中国唐朝的"开元通宝"，铸行"和同开珎"，这是日本历史上官方铸行的第一种铜钱。同时，元明天皇命人模仿中国唐朝的都城长安，建筑平城京（今奈良）。

公元 710 年（和铜三年），元明天皇迁都平城京，开启了奈良时代。

公元 711 年（和铜四年），元明天皇颁布"蓄钱叙位法"，规定储蓄钱币的人可以晋升官阶。"蓄钱叙位法"规定：从六位以下者储蓄 10 贯铜钱以上晋升 1 级；储蓄 20 贯以上晋升 2 级；初位以下者每储蓄 5 贯晋升 1 级；正六位以上者储蓄 10 贯以上临时听敕，成为晋升审核对象；借用他人钱币欺骗朝廷者，其钱币没收充公，徒刑 1 年。

元明天皇时期的权臣是藤原不比等，他修正并推行了 701 年（大宝元年）制定的《大宝律令》。

公元 712 年（和铜五年），元明天皇颁布国郡司政绩考核三条，奖贤罚贪，并禁止地方豪强、寺院多占土地。

公元 713 年（和铜六年），元明天皇宣布废除公私高利贷债务，限制农民逃亡，奖励和推广养蚕业、丝织手工业，并诏令太安万侣完成《古事记》三卷。

公元 715 年（和铜八年），元明天皇让位给她的女儿元正天皇。

二、仿照开元通宝铸行的和同开珎

公元 621 年，中国唐朝高祖李渊创建开元通宝钱币制度，开元通宝法定直径 8 分，重量 2 铢 4 絫，10 枚开元通宝总重 1 两。

唐朝肇建初始，日本便继续遣隋使的方式，展开了遣唐使活动，即派遣使团来中国学习典章制度和先进文化。公元8世纪初，日本遣唐使活动达到鼎盛。学习了唐朝的货币制度之后，日本开始按照开元通宝的形制铸行了自己本国的钱币。

元明天皇能够始铸铜钱，不仅因为学习到唐朝的货币制度，而且因为日本开始了采矿冶铜，有了自己本国的铜金属资源。公元708年，武藏国（今东京都、埼玉县、神奈川县一带）向天皇进献铜金属。在此之前，日本的铜金属是从境外输入的。有了日本自己的铜金属，元明天皇将当时朝廷的年号"庆云五年"改为"和铜元年"。"和"是日本，"和铜"是指日本自己的铜金属。就在这一年，日本朝廷设置铸钱司，创造了日本历史上第一种官方铸行的钱币——"和同开珎"铜钱。和同开珎的法定形制：直径8分、重量1匁（mangmi）。

这里所说的直径8分，与开元通宝的直径8分是一样的，都是近代的24毫米。这里所说的重量1匁，与开元通宝的重量1钱也是一样的。近代日本学者对和同开珎进行实物测量后，确定其为日本近代重量的1.2匁，即4.50克（日本近代1匁的重量为3.75克）。近代中国学者对唐高祖李渊武德年间铸造的开元通宝进行实物测量后，确定其为中国近代重量的0.09两，即4.50克。[①] 这说明，日本按照开元通宝铸行的和同开珎，无论是直径还是重量，都与开元通宝保持了一致。

至于钱币上的文字"和同开珎"，日本学者狩谷棭斋认为：

[①] 昭明、马利清：《中国古代货币》，百花文艺出版社2007年版，第161页。

"同"应该是"铜"字的省文，
"珎"应该是"宝"字的省文，故
"和同开珎"应读为"和铜开宝"。
日本明治时期的古钱币专家成岛柳
北赞同狩谷棭斋的观点，并得到了
当时一些古钱币专家的附和响应。
按照这种观点，"和同开珎"属于年
号钱一类，钱币文字的意思是"和
铜年间开始流通的宝货"。如图5-1
所示。

图5-1 和同开珎

注：（上）古和同、（下）新和同。

当然，也有人反对这个观点，认为和同开珎应该读作"和同
开珍"。

三、银钱与和同开珎铜钱并行

日本朝廷始铸和同开珎铜钱的当年，还铸行了和同开珎银
钱，让银钱与和同开珎铜钱并行流通。

泷本诚一的《日本货币史》云：

和铜元年（公元708年）二月甲戌设置铸钱司，任命从五位
上多治比真人三宅磨吕掌管，与银钱一并铸造铜钱。同年五月壬
寅开始铸造银钱（直径八分，重一文二分）。同年八月，铜钱
（直径八分，重一文）开始流通。依据《续日本纪》元明天皇和
铜元年（公元708年）的记载，铸钱司铸造的铜钱与近江国铸造
的铜钱如出一辙。根据同书，和铜三年（公元710年）"五月丙

寅，太宰府献铜钱。戊寅，播磨国献铜钱"，由此可知铸币绝不仅限于近江。银钱、铜钱的钱文均为和同开珎（同珎是当时各种铜钱的简称），由鱼养书写。和同开珎铜钱现今仍然偶在市井散见，这是因为其后开设铸币厂时，认为先前铸造和同钱是一种吉兆，又陆续铸造了许多的缘故。今天见到的和同开珎钱币，未必都是和铜年间的古钱。①

作者的讲述并不十分严谨，二月设置铸钱司；五月开始铸造银钱，八月铜钱开始流通；第三年，播磨国献铜钱；铜钱的铸造不仅限于近江。这些讲述，似乎是东一句西一句，频繁跳跃。不过，我们还是能够了解作者的意思。银钱的制造早于铜钱的流通，制造和流通属于不同的阶段。然而，无论如何，银钱和铜钱是在同一年铸造的，银钱的重量比铜钱的重量多20%。到了第三年，藩国也铸造了铜钱。

公元709年（和铜二年），日本朝廷发布命令：

和铜二年（公元709年）三月甲申制，凡交关杂物，其物价，银钱四文以上，即用银钱，其价三文以下，皆用铜钱。②

银钱1文为1分，4分等于1两，这个制度来自中国唐朝。日本始铸钱币，朝廷颁布法令：1两白银价格以上的大额交易使

---

① 泷本诚一：《日本货币史》，马兰、武强译，中国金融出版社2022年版，第11—12页。

② 泷本诚一：《日本货币史》，马兰、武强译，中国金融出版社2022年版，第12页。

用银钱；3 分白银价格以下的小额交易使用铜钱。

命令下达 5 个月之后，日本朝廷下令废止了银钱的流通，只允许铜钱流通。

公元 710 年（和铜三年）9 月，日本朝廷再次下令禁止银钱流通。此后，民铸银钱逐步兴起，朝廷的禁令未被人们执行。11 年之后，日本朝廷便放开银钱禁令，规定银钱与铜钱的法定比价：1 两银钱兑换 100 枚铜钱。

公元 721 年（养老五年），日本朝廷下令：

令天下百姓，以银钱一，当铜钱二十五；以银钱一两，当一百钱，行用之。[①]

1 枚银钱即 1 分白银，价值 25 枚铜钱。4 分白银即 1 两白银，价值 100 枚铜钱。此时，1 两白银的重量为 4.8 匁，即 18 克。由此可见，这里的"两"（4.8 匁），作为日本银钱的量化单位，已经不是重量单位，而是货币单位，与当时日本的重量单位"两"（10 匁）已经发生了脱离。

四、中日古代重量制度比较

日本的重量制度是仿照中国唐朝的重量制度制定的，其重量单位为贯、斤、两、匁（钱）、分、釐（厘）、毫（毛）。1 贯等于 100 两（6 斤 4 两），或者 1000 钱；1 斤等于 16 两，或者 160

---

① 泷本诚一：《日本货币史》，马兰、武强译，中国金融出版社 2022 年版，第 12 页。

钱；1 两等于 10 钱，1 钱等于 10 分，1 分等于 10 釐，1 釐等于
10 毫。近代日本 1 毫为 3.75 公制毫克。

奈良时代前夕，日本朝廷始铸"和同开珎"，法定重量 1 匁，
实测重量 4.50 克。这情形与后世 1 匁重量 3.75 克不符。

在中国，"匁"是"两"字的简写，不是重量单位。在日本，
"匁"是重量单位，其含义和使用，都与中国古代的重量单位
"钱"字相同。

日本的"匁"，即是中国的"钱"。日本的"匁"的近代重
量标准为 3.75 克，而古代却不一定是这个标准。文献记载，日
本奈良年间最初铸行的和同开珎重量 1 匁，而近代日本学者对和
同开珎实物进行测量，其实际重量是近代"匁"的 1.2 倍。这说
明，日本近代"匁"的重量与古代"匁"的重量可能已经发生
了变化。中国唐朝初期重量单位"钱"的重量标准是 4.169 克，
而李渊始铸开元通宝的实际重量却是 4.50 克。为什么会出现这
个差距？这里有两种可能：一是李渊时期"钱"的重量标准不
是 4.169 克，而是 4.5 克，后来发生了逐步的下降；二是李渊始
铸的开元通宝，重量超过法定标准。始铸一种钱币，其实际重量
超过法定重量标准，用以彰显朝廷的物质富足和信用实力的现
象，在货币史上常有发生。所以，李渊铸行超过法定重量标准的
开元通宝也是可能的。无论如何，日本朝廷仿照开元通宝形制铸
行和同开珎，事实上完全采用了开元通宝的直径标准和重量
标准。

中国唐朝的"两"与日本奈良年间的"两"，两者的下面都
有分量，不仅有代表 1/10 两的"钱"和"匁"，而且还有一个

代表 1/4 两的中间单位——"分"。

"分"原本是 1/2 的意思。合二为一，谓之"两"；一分为二，谓之"分"。所以，1 两等于 4 分。

这一点，从出土铭文重量的金银器物上可以看出。出土唐朝金银器物，有铸铭重量单位文字者，多为"两""分""钱"等。其中"分"的数量，有 1 分、2 分、3 分，未见有 4 分及 4 分以上者。这说明，唐朝的"分"仍然是 1/4 两，而不是后世的1/10"钱"。

第三节

奈良时代以一当十的铜钱

公元 710 年，元明天皇迁都平城京（今奈良），开始了日本第一次文化全面兴盛的"奈良时代"。

公元 760 年，始铸和同开珎的 52 年之后，日本朝廷铸行了万年通宝。这是日本历史上第一次铸行信用化钱币。万年通宝采用铜金属铸造，用铜量与和同开珎一样。1 枚万年通宝法定兑换10 枚和同开珎，属于典型的虚钱。十分明显，万年通宝并不是依靠币材本身铜金属价值发挥货币职能，而是依靠发行者——日本朝廷的信用和法律的支持发挥货币职能。万年通宝的铸行，开启了日本铜钱信用化的先河。日本朝廷铸行万年通宝，仿照的是中国唐高宗铸行的虚钱"乾封泉宝"和唐肃宗铸行的虚钱"乾元重宝"。

一、日本第一种信用化铜钱——万年通宝

公元 758 年，第五琦为唐肃宗铸行虚钱"乾元重宝"，搞乱了经济秩序。唐王朝迷途知返，次年便罢免了第五琦的官职，将他流放到夷州。公元 760 年，就在第五琦被流放的第二年，日本朝廷便效仿中国唐朝铸行的虚钱，铸行了万年通宝，也是以一当十，1 枚万年通宝新钱兑换 10 枚和同开珎旧钱。

公元 760 年（天平宝宁四年）三月，淳仁天皇下达敕令：

钱之为用，行之已久，公私要便，莫甚于斯。顷者私铸稍多，伪滥既半，顿将禁断，恐有骚扰。官造新样与旧并行，庶使无损于民，有益于国。其新钱文曰万年通宝，以一当旧钱十。①

淳仁天皇铸行万年通宝虚钱的理由，与唐高宗铸行乾封泉宝虚钱的理由一样，也是解决市场上恶钱流通的问题。淳仁天皇采用的新旧钱币比价，也是 1 枚新钱兑换 10 枚旧钱。1 枚万年通宝的重量，与 1 枚和同开珎的重量基本一致。同样重量的铜钱，只是表面文字不同，1 枚万年通宝就可以兑换 10 枚和同开珎，显然不是依靠币材本身铜金属价值发挥货币职能，而是依靠发行者——朝廷的信用和法律的强制发挥货币职能。万年通宝如图 5-2 所示。

---

① 泷本诚一：《日本货币史》，马兰、武强译，中国金融出版社 2022 年版，第 13 页。

图 5-2　万年通宝

淳仁天皇铸行万年通宝之前，公元 758 年，孝谦天皇曾特许朝廷重臣藤原仲麻吕建炉铸钱。这种做法，在中国唐朝也是有过先例的。唐高祖李渊曾经特许秦王李世民和齐王李元吉建炉铸钱。藤原仲麻吕铸的铜钱是和同开珎，但铸造时间只有两年。两年之后，公元 760 年，淳仁天皇开始铸行万年通宝。万年通宝作为国家信用货币，不会允许臣子私铸。在万年通宝流通时期，铸行价值为 1/10 万年通宝的铜钱——和同开珎，显然这是亏损的事情，藤原仲麻吕也不会做这种亏损的事情。

藤原仲麻吕没有等到公元 772 年光仁天皇诏令新旧钱币等价并行流通，他在公元 764 年发动叛乱，战败被斩首。据说，为了消除藤原仲麻吕铸造铜钱造成的影响，日本朝廷铸行了另一种虚钱——神功开宝。

二、再铸信用化铜钱"神功开宝"

公元 765 年（称德天皇神护元年），藤原仲麻吕被杀次年，日本朝廷铸行神功开宝铜钱，直径 8 分，重量 1 匁 5 厘，与旧钱并行，钱文由吉备真备书写。《续日本纪》记载：

再铸新钱，钱文曰：神功开宝。与以前的新钱一并发行。①

以前的新钱指的是公元760年淳仁天皇铸行的万年通宝。1枚万年通宝法定兑换10枚和同开珎。神功开宝与万年通宝并行，应该是与万年通宝等价，也是法定兑换10枚和同开珎。

公元772年（光仁天皇宝龟三年），日本朝廷下令废除了上述比价，和同开珎依照朝廷法令改变为与万年通宝及神功开宝等价流通。

天平宝字四年（公元760年）三月十六日，始造新钱，与旧并行，以新钱之一当旧钱之十。但以年序稍积，新钱已贱，限以格时，良未安稳。加以百姓之间，偿宿债者，以贱日新钱一贯当贵时旧钱十贯，依法虽相当，计价有悬隔，因兹物情扰乱，多致谊诉，望请新旧两钱同价施行。（奏可)②

钱币的法定价值大起大落，自然引起市场混乱。公元772年，日本朝廷下令旧钱——和同开珎铜钱的法定价值上升10倍，即从10枚和同开珎兑换1枚万年通宝，改为10枚和同开珎兑换10枚万年通宝。看到这种事情发生，百姓自然储藏旧钱以期升值，因而造成市场钱币流通总量减少，不利于商品生产与商品交换的稳定进行。

---

① 久光重平：《日本货币史概说》，孟郁聪译，法律出版社2022年版，第30页。
② 泷本诚一：《日本货币史》，马兰、武强译，中国金融出版社2022年版，第19~20页。

至于公元 765 年铸行的神功开宝，久光重平认为，称德天皇铸行神功开宝的目的是消除藤原仲麻吕的印记。然而，从公元 772 年光仁天皇诏令新旧铜钱等价并行流通的情形看，神功开宝的铸行，没有消除藤原仲麻吕铸造的和同开珎，更没有消除日本朝廷铸行的万年通宝，和同开珎和万年通宝仍然在流通中。神功开宝的铸行，只不过是增加了万年通宝这类虚钱的流通总量。

三、铜钱、银钱和金钱并行的货币体系

公元 760 年（天平宝宁四年）三月，淳仁天皇下运敕令铸行万年通宝的时候，又敕令铸行银钱和金钱：

其新钱文曰万年通宝，以一当旧钱之十，银钱文曰太平元宝，以一当新钱之十，金钱文曰开基胜宝，以一当银钱之十。[1]

在淳仁天皇制定的货币体系下，1 枚金钱开基胜宝等于 10 枚银钱太平元宝，或者等于 100 枚新铜钱万年通宝，或者等于 1000 枚旧铜钱和同开珎。

奈良时代的日本共铸行了三种铜钱、两种银钱和一种金钱，其基本情况如表 5-1 所示。

表 5-1　奈良时代铸行钱币基本信息

钱币名称	始铸年	日本年号	天皇	直径	重量
和同开珎铜钱	708	和铜元年	元明	8 分	1 勺

---

[1]　泷本诚一：《日本货币史》，马兰、武强译，中国金融出版社 2022 年版，第 13 页。

续表

钱币名称	始铸年	日本年号	天皇	直径	重量
和同开珎银钱	708	和铜元年	元明	8 分	1.2 匁
万年通宝铜钱	760	天平宝字四年	淳仁	8 分	1.2 匁
太平元宝银钱	760	天平宝字四年	淳仁	未见	未见
开基胜宝金钱	760	天平宝字四年	淳仁	不知	不知
神功开宝铜钱	765	天平神护元年	称德	8 分	1.05 匁

目前能够看到日本古钱万年通宝，却很难看到当时铸行的金钱和银钱，开基胜宝金钱于公元 1794 年在奈良西大寺境内被发掘出土，银钱太平元宝至今未发现。这说明，当时日本金钱和银钱的流通量很少。

四、铜钱信用化引发的民间盗铸

发行万年通宝的时候，如果和同开珎保持了原先的价值，那么铜钱信用化只是发生在万年通宝上。万年通宝使用的铜金属与和同开珎使用的铜金属数量相同，却代表 10 枚和同开珎行使货币职能，显然属于虚币，或者说，是依靠发行者信用发挥货币职能的信用货币。

如果将和同开珎消融成铜金属，重新铸造成万年通宝，即可获得 10 倍的利益。如此巨大的利益，引诱着百姓盗铸万年通宝。

从货币起源的过程看，早期的金属数量货币——钱币是由百姓自发制造的。钱币发展到一定阶段之后，国家垄断钱币的铸行，才开始禁止百姓制造钱币。在国家垄断钱币铸行之前，百姓制造钱币是合法的，在国家垄断钱币铸行之后，百姓制造钱币就要受到严厉的惩罚。

日本朝廷一经垄断铸行钱币，就颁布了禁止百姓盗铸钱币的法令。公元 709 年（和铜二年），日本朝廷下令：

国家为政，兼济居光，去虚就实，其理然矣。向者颁银钱以代前钱，又铜钱并行，比奸盗利，私作滥铸，纷乱公钱。自今以后，私铸银钱者，其身没官，财入告人。行滥逐利者，加杖二百，加役常徒。知情不告者，各与其同罪。[1]

盗铸银钱牟利，杖二百，还要罚做劳役。到了公元 711 年（和铜四年），盗铸钱币的人，就不是杖刑，而是处死了。

凡私铸钱者斩，从者没官，家口皆流，五保知而不告者与同罪。[2]

朝廷垄断钱币铸造，百姓违反法律盗铸钱币，法律规定予以处死。当时日本对百姓实行联保制度，联保各户知情不告，也要处死。这个法令，比中国唐朝的相关法令还要严厉。

一般来说，朝廷铸造足值金属货币，只是扣减少量铸造成本和铸币税，不会引发百姓盗铸钱币。人们不会因小利而冒被杀的风险。但是，如果朝廷铸造虚钱敛财，铸币利益巨大，自然会引发百姓铤而走险，盗铸钱币。淳仁天皇铸造万年通宝，可以获得

---

[1][2] 泷本诚一：《日本货币史》，马兰、武强译，中国金融出版社 2022 年版，第 23—24 页。

10 倍利益，结果造成百姓盗铸万年通宝，市场价格混乱。

这种局面维持了 12 年，公元 772 年，日本朝廷不得不废黜这种新旧钱币比价，让新旧钱币等价并行流通。日本朝廷先是立法将万年通宝的价值提高 10 倍，十几年后又把它的法定价值降低到正常水平，这能够引起怎样的市场混乱，是可想而知的。到了平安时代，这种钱币法定价值跌宕起伏的局面，就被多次循环往复地演绎到了极致。

第四节

平安时代以一当十的铜钱

公元 794 年，桓武天皇将首都从奈良迁至平安京（现在的京都），开始了平安时代（公元 794~1192 年）。据说，桓武天皇迁都的原因是为了避开奈良佛教寺院的强大影响。公元 1192 年，源赖朝建立镰仓幕府，取得了国家权力，天皇便成为幕府的傀儡。平安时代上半叶（公元 794~958 年），日本朝廷陆续发行了 9 种钱币，多是以一当十的信用货币。经历了 160 多年各种虚钱流通的过程，日本终于将自己的货币经济彻底搞垮，从此进入长达 600 年的无铸币时代。

一、桓武天皇铸行隆平永宝

公元 796 年（延历十五年），即迁都平安京的第三年，桓武天皇诏令铸行隆平永宝：

如今私炉越来越多，奸商乱铸扰乱民生。使用这些私铸钱进行交易有辱经济。并且这些私铸钱也不堪储蓄。本应立即禁止，但毕竟突然着手清理会面临诸多困难。因而力求平稳过渡，以救流弊。由是再制新钱，并且增加其价值。钱文曰：隆平永宝。新钱一枚合旧钱十枚，新旧两钱可以并行兼用。但旧钱从明年开始，最多在四年之内将被废止。[①]

隆平永宝是平安时代的第一种钱币，直径 8 分，重量 1 文，直径和重量皆与和同开珎一样。与万年通宝相比较，万年通宝直径 8 分，重量 1 文 2 分，新钱隆平永宝重量比旧钱万年通宝减少了 2 分。

尽管含铜量减少，隆平永宝的法定价值却远远高于旧币，1 枚隆平永宝法定兑换 10 枚旧币。此时的旧币即奈良时代铸行的三种铜钱：和同开珎、万年通宝和神功开宝。

效法唐高宗铸行乾封泉宝的方法，桓武天皇诏令新钱发行 1 年，最多 4 年之后，旧钱作废，仅留新钱流通。唐高宗曾经试图以 1 枚好钱，收购百姓 2 枚恶钱，百姓不肯，朝廷政策终告失败。恒武天皇要用 1 枚新钱，收购 10 枚与新钱金属含量相等的旧钱，百姓更加不肯。于是，百姓藏旧钱而用新钱，市场货币流通总量大幅度减少。市场钱币短缺，朝廷关于旧钱在第二年，最晚在 4 年之内作废的计划，便无法执行。公元 808 年，隆平永宝始铸 12 年之后，平城天皇敕令：

民间新钱尚且不多。应该继续新旧兼用，以求暂时缓解民间

---

① 久光重平：《日本货币史概说》，孟郁聪译，法律出版社 2022 年版，第 21–22 页。

缺钱之困。[1]

民间新钱不多的原因有两个：

（1）此时日本封建王朝的商品经济发展进入了高峰。经济发展迅猛，商品充斥市场，钱币供应不能满足市场对于钱币流通总量的需求。同时，铸钱缺乏铜材，朝廷铸行以一当十的新钱，虽然铸钱利益巨大，仍然得不到所需的铜材来铸造足够数量的铜钱。

（2）朝廷不能铸造足够数量的铜钱，百姓更不能铸造铜钱。法律规定百姓盗铸钱币处死。所以，百姓不敢销毁旧钱，更铸新钱。百姓不仅不敢铸造铜钱，而且还要将旧钱收藏起来，等待朝廷更改法令，期望未来旧钱价值能够恢复到与新钱相等。百姓收藏旧钱的行为，进一步加剧了市场铜钱供应不足的问题。

市场上钱币流通总量不敷使用，朝廷铸造新钱数量不足，百姓收藏旧钱的行为进一步减少市场上的钱币流通总量，所以，桓武天皇关于旧钱逐步作废的法令便执行不下去。到了平城天皇统治时期，只好继续新旧钱币兼用，允许旧钱合法流通。然而，旧钱与新钱的兑换比率能否维持，文献中没有记载，我们不得而知。实际情况应该是，旧钱与新钱的兑换比率出现了双轨制，即官方采用1∶10的法定比价，民间采用市场比价。但是，市场比价属于黑市价格，得不到法律的保护。

此时，元明天皇始铸和同开珎已经过去百年，当年蓄钱叙位

① 久光重平：《日本货币史概说》，孟郁聪译，法律出版社2022年版，第22页。

令已经不再符合变化了的社会情况。桓武天皇后期，太政官颁布命令，禁止蓄钱，以缓解市场中铜钱不足的问题。

二、陆续发行以一当十的铜钱

在平安时代前期的 164 年（公元 794～958 年）里，日本朝廷陆续发行了 9 种铜钱，其重量从隆平永宝的 0.9 匁（3.375克）逐步降低至 0.5 匁（1.875 克）。但是，越来越轻的铜钱，却法定等于 10 枚旧钱的价值。公元 796 年铸行隆平永宝之后，日本朝廷又陆续铸行了 8 种铜钱：

1. 富寿神宝，价值不详

公元 818 年（弘仁九年），嵯峨天皇时期，日本朝廷铸行"富寿神宝"，重量为 0.8 匁（3.00 克）。相比旧钱，富寿神宝含铜比例下降，含铅比例上升。1 枚富寿神宝是否法定兑换 10 枚旧钱，目前尚不清楚。

2. 承和昌宝，价值 10 枚旧钱

公元 835 年（承和二年），仁明天皇时期，日本朝廷铸行"承和昌宝"，重量为 0.7 匁（2.625 克），这是日本第一次发行年号钱。相比旧钱，承和昌宝的直径和重量继续下降，含铅比例进一步上升。然而，1 枚承和昌宝法定兑换 10 枚旧钱，具有明显的信用货币性质，引发了百姓盗铸的泛滥。

3. 长年大宝，价值 10 枚旧钱

公元 848 年（嘉祥元年），仁明天皇改年号"承和"为"嘉祥"，并以更改年号为由，铸行"长年大宝"，重量为 0.5 匁（1.875 克）。与最初的和同开珎相比较，长年大宝的重量已经不

足和同开珎的一半。然而，1枚长年大宝法定兑换10枚旧钱，新旧钱币并行流通。仁明天皇诏曰：

如果改变年号而不改变币制就会违反定制，将会受到世言的谴责。以此为由，规定以一枚新钱折合十枚旧钱，新旧钱并用。[①]

4. 饶益神宝，价值10枚旧钱

公元859年（贞观元年），清和天皇时期，日本朝廷铸行"饶益神宝"，重量0.5匁（1.875克），这是皇朝十二钱中最轻的一种。1枚饶益神宝法定兑换10枚旧钱，新旧钱币并行流通。日本朝廷下令严禁百姓在良、劣钱币之间进行选择，违背法令者，要处以杖刑。

5. 贞观永宝，价值10枚旧钱

公元870年（贞观十二年），清和天皇时期，日本朝廷铸行"贞观永宝"，重量为0.6匁（2.25克），采用铜铅合铸，含铜量只有50%。尽管新钱比旧钱质量更差，日本朝廷仍然下令1枚贞观永宝兑换10枚旧钱，新旧钱币并行流通。

6. 宽平大宝，价值不详

公元890年（宽平二年），宇多天皇时期，日本朝廷铸行"宽平大宝"，重量为0.6匁（2.25克）。宽平大宝的铸行数量极少，每年铸造数量只有500~600贯。

7. 延喜通宝，价值10枚旧钱

公元907年（延喜七年），醍醐天皇时期，日本朝廷铸行"延喜通宝"，重量为0.6匁（2.25克），这是模仿铜钱铸造的铅

---

① 久光重平：《日本货币史概说》，孟郁聪译，法律出版社2022年版，第24页。

钱。1 枚延喜通宝法定兑换 10 枚旧钱，新旧钱币并行流通。

8. 乹元大宝，价值不详

公元 958 年（天德二年），村上天皇时期，日本朝廷铸行"乹元大宝"，重量为 0.6 匁（2.25 克）。此后，日本进入长达 600 年的无铸币时代。

三、平安时代铸行铜钱的主要特点

在平安时代前期的 164 年里，日本朝廷陆续发行了 9 种铜钱（见表 5-2），其主要特点有三个：

（1）铜钱越铸越小，越铸越轻，直径从 8 分降至 6 分；重量从 0.9 匁降至 0.5 匁，后来又反弹到 0.6 匁。

（2）新钱铜金属成色越来越低。公元 818 年，日本朝廷铸行富寿神宝的时候，铜金属材料已经开始短缺，新铸铜钱的铜金属成色已经下降，含铅成分开始上升。公元 820 年，有人提出铅钱字迹模糊，嵯峨天皇给大藏省的批示中说：

铸钱司正在铸造的新钱，虽说币面文字不很清晰，但字势尚在。况且，即使存在小瑕疵也不妨碍其流通使用。因此还是应该研究一下予以接受为盼。①

公元 835 年，日本朝廷铸行承和昌宝，其铅金属成分进一步增加，铜金属成色进一步降低，铸造利益上升，引发百姓盗铸。

（3）新钱价值等于 10 枚旧钱。新钱价值等于 10 枚旧钱的制度，始于公元 760 年奈良时代淳仁天皇发行万年通宝。12 年后，

---

① 久光重平：《日本货币史概说》，孟郁聪译，法律出版社 2022 年版，第 23 页。

公元 772 年，光仁天皇诏令新旧铜钱等价并行流通。到了平安时代，公元 796 年，桓武天皇发行隆平永宝，开启了平安时代发行信用化铜钱的先河。新铸 1 枚比旧铜钱轻小一些的铜钱，法定当作 10 枚旧钱使用，显然不是依靠铜钱本身的铜金属价值发挥货币职能，而是依靠发行者——朝廷的信用发挥货币职能。这种制度，在平安时代发行的 9 种铜钱中有 6 种在文献记载中说明是 1 枚新钱当 10 枚旧钱使用，其他 3 种铜钱是否当 10 枚旧钱使用，仍待考证。

表 5-2　平安时代铸行钱币基本信息

钱币名称	始铸年份	日本年号	天皇	直径（分）	重量（匁）
隆平永宝	796	延历十五年	桓武	8 强	0.9
富寿神宝	818	弘仁九年	嵯峨	7.58 强	0.8
承和昌宝	835	承和二年	仁明	6.58 强	0.7
长年大宝	848	嘉祥元年	仁明	6 强	0.5 强
饶益神宝	859	贞观元年	清和	6 强	0.5
贞观永宝	870	贞观十二年	清和	6 强	0.6 强
宽平大宝	890	宽平二年	宇多	6 强	0.6 强
延喜通宝	907	延喜七年	醍醐	6	0.6 强
乹元大宝	958	天德二年	村上	6	0.6 强

资料来源：《日本货币史概说》。

四、旧钱与旧钱比价的突升突降

公元 796 年（延历十五年），桓武天皇诏令铸行隆平永宝，重量为 1 文，比万年通宝旧钱的重量减少了 2 分。诏书中说，

"新钱 1 枚合旧钱 10 枚"。此时的旧钱指的是奈良时代铸行的三种铜钱：和同开珎、万年通宝和神功开宝。

早在公元 772 年（光仁天皇宝龟三年），日本朝廷就下运了废除 1 枚万年通宝兑换 10 枚和同开珎的法令，让和同开珎、万年通宝、神功开宝三种铜钱等价流通。所以，桓武天皇下令隆平永宝新钱 1 枚兑换 10 枚旧钱。

桓武天皇诏令中的新旧钱币比价，并无问题。问题出在此后铸行的铜钱上。我们以陆续铸行的承和昌宝、长年大宝、饶益神宝以一当十的三种虚钱为例，来说明这个问题。

假定 1：每次铸行新钱，各种旧钱的价值就归于一致。

公元 835 年，日本朝廷铸行承和昌宝，1 枚承和昌宝新钱等于 10 枚隆平永宝旧钱。

公元 848 年，日本朝廷铸行长年大宝，1 枚长年大宝等于 10 枚承和昌宝，或者等于 10 枚隆平永宝。铸行长年大宝之前，1 枚承和昌宝等于 10 枚隆平永宝；铸行长年大宝之后，1 枚承和昌宝等于 1 枚隆平永宝，隆平永宝的价值上涨了 9 倍。

公元 859 年，日本朝廷铸行饶益神宝，1 枚饶益神宝等于 10 枚长年大宝，或者等于 10 枚承和昌宝，或者等于 10 枚隆平永宝。铸行饶益神宝之前，1 枚长年大宝等于 10 枚承和昌宝，或者等于 10 枚隆平永宝。铸行饶益神宝之后，1 枚长年大宝等于 1 枚承和昌宝，或者等于 1 枚隆平永宝，承和昌宝和隆平永宝的价值都上涨了 9 倍。

每次铸行新钱，比上次铸行的钱更旧的钱的价值就上涨 9 倍。有了这样的预期，百姓怎肯将 10 枚旧钱去兑换 1 枚新钱？

正常的应对方法是：百姓把旧钱藏起来，等着上涨 9 倍时再去兑换新钱。

百姓将会把多少铜钱收藏起来？如果铸造新钱，让流通中的铜钱的价值总量增加 100%，那么只铸造原有旧钱流通总量 1/10 数量的新钱就可以了，新钱的名义价值就等于原有旧钱流通总量的价值。如果百姓将旧钱收藏，铜钱数量就只剩下新钱，即原有旧钱流通总量 1/10 的数量。

假定 2：每次铸行新钱，各种旧钱之间的比价不变。

公元 835 年，日本朝廷铸行承和昌宝，1 枚承和昌宝新钱等于 10 枚隆平永宝旧钱。

公元 848 年，日本朝廷铸行长年大宝，1 枚长年大宝等于 10 枚承和昌宝，或者等于 100 枚隆平永宝。

公元 859 年，日本朝廷铸行饶益神宝，1 枚等于 10 枚长年大宝，或者等于 100 枚承和昌宝，或者等于 1000 枚隆平永宝。

同样大小的铜钱，谁肯用 1000 枚去兑换 1 枚？正常的应对方法是：把只值 1 枚新钱的 1000 枚旧钱销毁，铸造铜器或者铸造新钱。

百姓将会把多少铜钱销毁？如果铸造新钱，让流通中的铜钱的价值总量增加 100%，那么只铸造原有旧钱流通总量 1/10 的新钱就可以了，新钱的名义价值就等于原有旧钱流通总量的价值。如果百姓将旧钱销毁，铜钱的数量就只剩下了新钱的数量，即数量是原有旧钱流通总量的 1/10。

如果朝廷每次铸行新钱，市场上的铜钱流通总量就减少 90%，那么用不了多久，市场上的铜钱就消失殆尽了。

　　当然，这只是理论上的推论。然而，无论如何，在这种制度安排下，朝廷每次铸行新钱，旧钱不是被百姓收藏，就是被百姓销毁。于是，在日本商品交易市场上的铜钱流通总量，就呈现出迅速下降的趋势。其结果是：百姓进行商品交易时，逐步放弃钱币媒介，转向以物易物的原始商品交换方式。

第六章

降低金属成色的
各国古代钱币

　　除了减少金属含量和提高名义价值，降低金属成色也是实现金属货币信用化的一种方式。我们以罗马帝国的狄纳里银币、中国隋朝的五铢白钱和日本平安时代的铅制"铜钱"来介绍这种方式的发生和后果。比较减少金属含量、提高名义价值和降低金属成色这三种实行金属货币信用化的方式，降低金属成色是世界古代最少采用的方式，因为它往往会导致当时金属货币制度的崩溃。

第一节
罗马帝国银币中白银的减少

　　罗马共和国后期，国家开始垄断铸行阿斯铜币。随后，阿斯铜币发生了大幅度的减重。当罗马共和国转为罗马帝国的时候，阿斯铜币的重量已经从最初的 12 盎司减少到半盎司左右。与此同时，银币保持了相对的稳定。罗马帝国前期，国家虚币敛财政策工具从阿斯铜币转向狄纳里银币。狄纳里银币金属价值的逐步减少，不是通过减少金属含量实现的，而是通过降低金属成色实现的。

🐉 一、罗马共和国仿制的希腊银币

　　在公元前 211 年罗马共和国建立自己的银币制度之前，就已经开始仿制希腊德拉克马银币和斯塔特金币。

　　在公元前 264 年至公元前 255 年第一次布匿战争期间，罗马

造币厂仿照希腊银币打制了二德拉克马银币，重量为 7.21 克，正面图案是希腊神话中的大力神海格力斯的束头带头像，狮皮绕颈，肩有棍棒；背面图案是母狼哺婴图，图下币文"ROMANO"（罗马的）。如图 6-1 所示。

图 6-1　二德拉克马银币（公元前 264 年至公元前 255 年）

公元前 230 年至公元前 226 年在罗马造币厂制造的二德拉克马银币，重量为 6.48 克，正面图案是战神马尔斯戴盔头像，头后有棍棒；背面图案是一匹大马，上方有棍棒，下方币文"RO-MA"（罗马）。如图 6-2 所示。

图 6-2　二德拉克马银币（公元前 230 年至公元前 226 年）

公元前 225 年至公元前 212 年制造的二德拉克马银币，重量为 6.37 克，正面图案是罗马人的门神——雅努斯两面神的无须头像；背面图案是众神之王——朱庇特[①]手持权杖和霹雳驾四驾马车朝右行进，身后是维多利亚胜利女神，下方币文"ROMA"（罗马）。如图 6-3 所示。

图 6-3　二德拉克马银币（公元前 225 年至公元前 212 年）

随着时间的推移，二德拉克马银币的重量逐步减少，从上述举例可以看出，二德拉克马银币从 7.21 克降到 6.48 克，再降到 6.37 克，体现了钱币持续、稳定的减重趋势。

图 6-1 中的二德拉克马银币与图 6-3 中的二德拉克马银币，两者打制的时间大约相差 40 年，后者比前者的重量减少了 0.84 克，降幅为 11.7%。这说明，不仅阿斯铜币发生了大幅度减重，当时的银币也在减重，平均每 10 年降低 3%。银币与铜币相比较，铜币减重的幅度远远大于银币减重的幅度。

显然，银币比铜币的体量更为轻便，价值更为稳定。罗马共和国需要本土化的银币。

---

① 罗马神话中的朱庇特就是希腊神话中的宙斯。

🐉 二、狄纳里银币制度的建立

公元前211年，第二次布匿战争鏖战正酣，罗马共和国开始发行狄纳里银币。

此时，罗马共和国国家铸造的阿斯铜币已经流通了78年，并已发生了明显的信用化。自公元前289年罗马共和国始铸阿斯铜币，到公元前211年罗马共和国建立狄纳里银币制度，阿斯铜币的重量从12盎司减少到2盎司，即从327克减少到54.5克。阿斯铜币的信用化转变，为罗马共和国政府节约了大量的铜金属，可以铸造更多的阿斯铜币。然而，尽管罗马共和国增加了阿斯铜币的铸造，阿斯铜币总量仍然不能满足对外战争的需求。所以，罗马共和国需要制作价值更高、流通总量更大的钱币。于是，公元前211年，罗马共和国建立了狄纳里银币制度。

狄纳里银币与阿斯铜币的比价，是按照过去德拉克马银币与阿斯铜币的比价制定的。

公元前211年之前，阿斯铜币与德拉克马银币和斯塔特金币之间的兑换比率是20枚阿斯铜币兑换1枚二德拉克马银币；240枚阿斯铜币兑换1枚斯塔特金币。延续这个比价，罗马共和国制造本国的银币，采用了相当于1德拉克马的概念，或者说是等于10阿斯铜币的银币，即狄纳里银币。狄纳里［DENARIUS］这个词汇源于拉丁文"DENI"（10），意思是10个阿斯铜币的价值。

古罗马的核心重量单位是罗马磅，即1阿斯，标准重量为327克；古希腊德拉克马重量的阿提卡标准是4.37克，让古罗马的重量单位与古希腊的重量单位接轨：

327 克÷4. 37 克 = 74. 83

即 1 罗马磅等于 74.83 德拉克马。于是，罗马共和国建立的狄纳里银币制度，规定 1 罗马磅白银，除去 2.83 德拉克马的成本，打制 72 枚狄纳里银币。1 狄纳里银币的重量，理论上是略低于 1 德拉克马。

三、狄纳里银币白银成色的降低

公元前 201 年，第二次布匿战争结束时，狄纳里银币的标准重量从 1/72 罗马磅减少到 1/84 罗马磅，即从 4.54 克减少到 3.89 克。此后，狄纳里银币的重量保持了 265 年的稳定。

公元 64 年，已经是罗马帝国初期，罗马城被大火焚毁，罗马帝国元首尼禄为了重建罗马城，通过减少银币中的金属含量来收敛钱财，将狄纳里银币的法定重量从 1/84 罗马磅降至 1/96 罗马磅，即 3.41 克。

此时，阿斯铜币的重量已经降低到 11 克左右，继续减重的空间不大；狄纳里银币更为轻小，重量只有 3 克多，减重空间更小。所以，罗马帝国只有通过降低狄纳里银币的白银成色来铸造更多的狄纳里银币，通过让百姓手中狄纳里银币的价值缩水，来实现敛财的目的。于是，尼禄以后的罗马帝国各代元首在制造狄纳里银币时，总是减少白银的使用，更多地加入铜金属，以便制造出更多数量的狄纳里银币。

狄纳里银币最初的成色在 90% 左右，到了戴克里先建立君主制、成为罗马皇帝的时候（公元 284 年），狄纳里银币的成色已经降到了 3.6% 左右。

公元 294 年，罗马帝国皇帝戴克里先针对狄纳里银币成色下降的问题，实行了罗马帝国历史上最彻底的一次货币改革。在这次货币改革中，戴克里先创建了阿根图（ARGENTEUS）银币制度。1 枚阿根图银币的理论重量是 1/96 罗马磅，即 3.41 克，其含银量为 90%，价值等于 100 枚狄纳里银币。

戴克里先 1 阿根图银币公元 294 年生产，重量为 3.83 克，正面图案是戴克里先月桂冠头像，周围币文"DIOCLETIANVS·AVG"（戴克里先·奥古斯都）；背面图案是四位帝王在六塔营门三足祭坛前共同祭礼，两侧币文"VIRTVS MILITVM"（军队的英勇）。如图 6-4 所示。

图 6-4　戴克里先 1 阿根图银币

英国货币学家卡森说：

一种纯度在 90% 左右的优质银币被重新使用，其生产标准为 1/96 罗马磅，有时这种钱币上带有"XCVI"（96）的标记。……

从 1970 年在阿芙罗迪西亚斯发现的阿根图币上的币文可以得知，在当时（比最初的改革稍晚一点的时期，即公元 301 年），仍然是 1 阿根图 = 100 狄纳里。按照银的含量，这种阿根图币与改革前的纯度安敦尼币的比大约是 25 : 1，这意味着 1 安敦尼 = 4

狄纳里。[1]

如果说阿根图币的含银量为90%，是改革前安敦尼币含银量的25倍，那么，在戴克里先接手的货币制度中，安敦尼币的含银量就只有3.6%，属于含有少量白银的铜金属币。可以说，到了这个时候，罗马帝国的银币已经被历代元首逐步换成了铜币。

四、狄纳里银币制度的终结

戴克里先的货币改革旨在恢复银币的本原。1枚阿根图银币兑换100枚狄纳里币，或者25枚安敦尼币的货币制度，使狄纳里币和安敦尼币迅速瓦解。戴克里先以后的皇帝们不再打制狄纳里币和安敦尼币，于是，这两种货币逐步消失，狄纳里银币制度从此终结。

狄纳里银币制度已经不再存在，阿根图银币制度也没有能够持续很久，罗马帝国开始寻求信用度更高的钱币，核心货币开始从银币向金币转化。

公元305年，戴克里先退位，群雄四起，天下大乱。公元306年，君士坦丁成为多个皇帝中的一位，他通过血腥的战争，最终成为罗马帝国的独裁者。

君士坦丁不再制造奥里斯金币，而是制造索利多金币，奥里斯金币只作为纪念币有过少量的生产。索利多金币的法定重量为1/72罗马磅，即4.54克。

---

[1]　［英］R.A.G.卡森：《罗马帝国货币史》，田圆译，法律出版社2018年版，第502页。

索利多（SOLIDUS）的意思是"厚重"。实际上，索利多金币并不厚重。戴克里先统治时期，奥里斯金币的重量为 1/60 罗马磅。君士坦丁对金币实行改制，将金币的法定重量调整为 1/72 罗马磅，改称"索利多"。这个货币改制，执行的依旧是一种钱币减重的措施。

君士坦丁在索利多金币制度上建立了西力克银币制度。"西力克"（SILIQUA）作为一种银币单位，代表 1 西力克重量黄金的价值。

西力克这个词原本是重量单位。

根据塞维利亚主教伊西多尔（公元 560～636 年）的记录，罗马帝国时期的重量单位如下：

1 罗马磅（POUND）= 12 盎司（OUNCES）= 96 德拉克马（DRACHM）

1 德拉克马 = 3 斯克鲁普尔（SCRUPLE）= 6 奥波（OBOL）= 18 西力克（SILIQUAE）

1 罗马磅的重量为 327 克，等于 96 德拉克马，或者 1728 西力克。1 西力克的重量：327÷96÷18 = 0.189（克）。

1 罗马磅可以分为 72 索利多，1 索利多则可以分为：1728÷72 = 24（西力克）。

君士坦丁发行的西力克银币，重量标准与狄纳里银币（DENARIUS）一样，1 罗马磅白银打制 96 枚西力克银币，每枚重量为 3.41 克。狄纳里银币最初价值等于 1/25 奥里斯金币，而西力克银币则代表 1/24 索利多金币行使货币职能。

既然此时的西力克银币与狄纳里银币一样，都是 1/96 罗马磅白银，那为什么不称其为"狄纳里"，而称其为"西力克"？原因是，狄纳里是代表白银价值行使货币职能的银币，而西力克则是代表黄金价值行使货币职能的银币。

罗马帝国初期，白银替代铜金属成为主要货币，奥里斯金币的价值等于25枚狄纳里银币。到了君士坦丁时期，银币经历了减重和成色大幅度下降的过程，信用已经出现了严重的问题，金币在人们眼中则成为更可靠的货币。西力克这个词是个重量单位，等于1/24索利多金币的重量。所以，君士坦丁采用西力克银币来代表1/24索利多金币的价值。

索利多金币的重量是1/72罗马磅，即4.54克黄金。西力克银币代表1/24索利多金币中黄金的价值，即4.54克÷24 = 0.189克黄金。

君士坦丁统治后期，流通最广的是四倍西力克银币，其生产标准为1/24罗马磅，理论重量为13.625克。

君士坦提乌斯二世统治末期（公元355年前后），西力克银币的重量下降到1/144罗马磅，即2.27克。

此后，罗马帝国的各代皇帝发行了许多种类的西力克银币。可以说，罗马帝国后期，狄纳里银币制度被西力克银币制度所替代。

第二节

中国隋朝铸造的五铢白钱

罗马帝国实现狄纳里银币信用化采用了降低金属成色的方

式，造成了狄纳里银币制度的终结；中国隋朝实行的五铢铜钱信用化也采用了降低金属成色的方式，也造成了五铢铜钱制度的终结。

🐉 一、隋文帝在五铢钱内加入锡镴

公元 581 年，杨坚代周称帝，是为隋文帝。当年，隋文帝铸行五铢钱，文曰"五铢"，重如其文。隋文帝铸行五铢钱，采用的是南朝重量制度，1 斤 220 克，1 两 13.75 克，1 铢 0.5729 克。[①]

隋文帝铸行五铢钱的目的在于使全国流通钱币标准规范。从现代出土文物来看，这时的五铢钱质量较好，其重量也比较足。根据昭明、马利清的考证，当时五铢钱重量为 3 克（5.2 铢）左右[②]，是文重相符的钱币。

隋朝开国初始，百废待兴，将流通中钱币全部更换为新币，在操作上存在相当大的困难。所以，隋文帝的朝廷对于百姓私铸新钱的行为采取了比较宽容的态度。

是时钱既新出，百姓或私有熔铸。三年四月，诏四面诸关，各付百钱为样。从关外来，勘样相似，然后得过。样不同者，既坏以为铜，入官。诏行新钱已后，前代旧钱，有五行大布、永通万国及齐常平，所在用以贸易不止。[③]

---

① 南朝重量制度：1 铢折合现代 0.5729 克。
② 昭明、马利清：《中国古代货币》，百花文艺出版社 2007 年版，第 158 页。
③ 《隋书》卷二四《食货志》，中华书局 1973 年版，第 691-692 页。

这时朝廷铸行了新钱，有些百姓便私铸这种新钱。两年之后，到了开皇三年（公元583年）四月，隋文帝诏令发给四方每个关隘，各百枚样钱。据以核对入关的铜钱，符合规格者才可入关。不符合规格的铜钱，销毁为铜，没收入官府。颁布诏令实行新钱以后，前代的旧钱，有五行大布钱、永通万国钱以及后齐的常平钱，各地仍用来交易，没有废止。

此时，朝廷将民间铸造符合规范的五铸钱视同官府铸造，允许进入流通。对于前朝的旧钱，也没有废止。然而，这项政策很快就发生了变化。

四年，诏仍依法不禁者，县令夺半年禄。然百姓习用既久，尚犹不绝。五年正月，诏又严其制，自是钱货始一。所在流布，百姓便之。①

开皇四年（公元584年），隋文帝下诏，对于仍然沿用旧钱而不加禁止的地方，县令扣罚半年俸禄。然而百姓习惯使用旧钱，法令仍然不能彻底奏效。开皇五年（公元585年）正月，隋文帝下令严格这一法令，终于实现了流通钱币的统一。五铢新钱的流通，方便了民间商品交易。

禁止前朝旧钱流通法令的颁布，发生在自开皇三年四月至开皇四年之间。上述诏令，对于没有禁止前朝旧钱流通的地方，罚县官俸禄半年，是隋文帝再次诏令禁止前朝旧钱流通。

到了开皇五年，隋文帝又一次下诏，严格这一法令。至此，

---

① 《隋书》卷二四《食货志》，中华书局1973年版，第692页。

虽然五铢新钱的流通获得了统一，但是百姓私铸的问题仍然十分严重。其原因是，此时的五铢钱内加入了锡镴，铸造利益较大，所以百姓私铸钱币，从中牟利。

是时见用之钱，皆须和以锡镴。锡镴既贱，求利者多，私铸之钱，不可禁约。其年，诏乃禁出锡镴之处，并不得私有采取。[①]

这时流通的铜钱，都必须加入锡镴。锡镴价格低贱，很多人为谋取私利进行私铸，私铸钱币的活动，官府无法禁止约束。这一年，朝廷下诏命令出产锡镴的地方，百姓不得私自开采。

二、皇子铸钱引发的私铸泛滥

皇子们带兵攻入南朝地界，遭到了南朝民众的反抗，隋文帝诏令皇子立炉铸钱，解决军队开支问题。

开皇八年（公元588年），隋文帝派晋王杨广、秦王杨俊及大将杨素为行军元帅，发兵51万，分属90总管，皆归晋王指挥，大举伐陈。隋文帝又发布诏书历数陈后主罪状，缮写30万份，散布于江南。隋军东至沧海，西到巴蜀，旌旗舟楫，绵延数千里，以排山倒海之势向陈压来。开皇九年（公元589年），隋军攻入城中，活捉了陈后主，陈朝灭亡，南北分裂二百年的局面终于结束。

开皇十年（公元590年），江南发生了婺州人汪文进、会稽

---

① 《隋书》卷二四《食货志》，中华书局1973年版，第692页。

人高智慧等领导的叛乱，范围遍及今江、浙、赣、闽、广等省。杨素出军平定后，隋文帝将晋王杨广从并州总管调任扬州总管。南北统一战争和江南的叛乱使朝廷花费了大量的钱财，于是，隋文帝批准他的第二个儿子晋王杨广在扬州立五炉铸钱。

十年，诏晋王广听于扬州立五炉铸钱。其后奸狡稍渐磨鑢钱郭，取铜私铸，又杂以锡钱。递相仿效，钱遂轻薄。乃下恶钱之禁。京师及诸州邸肆之上，皆令立榜，置样为准。不中样者，不入于市。①

开皇十年（公元590年），诏令晋王杨广，听任他在扬州设立五座冶炼炉铸钱。这以后，奸诈狡猾的人逐渐开始磨锉钱的边廓，获取铜金属私下铸钱，又掺杂进锡钱。互相仿效，钱因此就变得既轻又薄。于是就下达了对粗劣钱的禁令。京城及各州的旅社店铺之上，都让张设榜文，置放样品作为标准。与样品不符合的，不得流入市场。

杨广铸造的五铢钱比较轻薄，所以引发了民间的盗铸。钱币轻薄，降低了铜金属成色，掺杂锡镴，铸造者便有利可图，自然盗铸蜂起。开皇十八年（公元598年），隋文帝派他的第五子汉王杨谅率水陆军30万征伐高丽。

十八年……二月……。乙巳，以汉王谅为行军元帅，水陆三

① 《隋书》卷二四《食货志》，中华书局1973年版，第692页。

十万伐高丽。……九月乙丑，汉王谅师遇疾疫而旋，死者十八九。①

开皇十八年……二月……。乙巳日，任命汉王杨谅为行军元帅，水军陆军 30 万人征讨高丽。……九月乙丑日，汉王杨谅军队遇到瘟疫撤回，死亡人数十有八九。

大规模远距离的征战，自然十分耗费钱财，隋文帝允许汉王杨谅立炉铸钱。

十八年，诏汉王谅，听于并州立五炉铸钱。是时江南人间钱少，晋王广又听于鄂州白雉山有铜铆处，锢铜铸钱。于是诏令听置十炉铸钱。又诏蜀王秀，听于益州立五炉铸钱。②

开皇十八年（公元 598 年），诏令汉王杨谅，听任他在并州设立五座冶炼炉铸钱。这时江南民间钱少，晋王杨广又被听任在鄂州白雉山有铜矿的地方炼铜铸钱。于是诏令他设置 10 座冶炼炉铸钱。又诏令蜀王杨秀，听任他在益州设立 5 座冶炼炉铸钱。

皇帝允许儿子们放开手脚铸钱，于是钱制大乱，皇帝就不得不加大了对民间盗铸的打击力度。

是时钱益滥恶，乃令有司，括天下邸肆见钱，非官铸者，皆毁之，其铜入官。而京师以恶钱贸易，为吏所执，有死者。数年

① 《隋书》卷二《高祖纪》，中华书局 1973 年版，第 43 页。
② 《隋书》卷二四《食货志》，中华书局 1973 年版，第 692 页。

之间，私铸颇息。①

这时钱更加粗劣，就命有关部门收缴旅舍店铺中的现钱，不是官府铸造的，都予以销毁，销毁后的铜金属没收交入官府。而京城中用粗劣的钱交易，被官吏抓获，有被处死的。几年之后，私下铸钱的行为大体止息。

三、过度开支导致铜钱中铅锡增多

仁寿四年（公元604年）七月，隋文帝杨坚死于歧州之北的仁寿宫。杨广即皇帝位，是为隋炀帝。隋炀帝即位之时，天下殷富，于是立即营建东都、开凿运河。

炀帝即位，是时户口益多，府库盈溢，乃除妇人及奴婢部曲之课。男子以二十二成丁。始建东都，以尚书令杨素为营作大监，每月役丁二百万人。……而东都役使促迫，僵仆而毙者，十四五焉。每月载死丁，东至城皋，北至河阳，车相望于道。②

隋炀帝即位时，天下人口户数更多，府库物资盈满溢出，于是就免除了妇女和奴婢部曲的赋税。规定男子以二十二岁为成年纳税人。此时开始营建东都，任命杨素为营作大监，每月役使丁夫二百万人。……而东都的劳役严促紧迫，丁夫倒地而死的，十有四五。每月运载死去丁夫的车，东到城皋，北到河阳，在路上

---

① 《隋书》卷二四《食货志》，中华书局1973年版，第692页。
② 《隋书》卷二四《食货志》，中华书局1973年版，第686页。

接连不断。

同时，隋炀帝启动了开凿御河的工程，所用人丁数量，亦不下百万。《隋书·炀帝上》载：

> 大业元年……。三月丁未，诏尚书令杨素、纳言杨达、将作大匠宇文恺营建东都……辛亥，发河南诸郡男女百余万，开通济渠，自西苑引穀、洛水达于河，自板渚引河通于淮。[1]

大业元年（公元605年）……。三月丁未日，隋炀帝诏令尚书令杨素、纳言杨达、将作大臣宇文恺营建东都……辛亥日，征发百余万黄河两岸各郡男女，开凿通济渠，从西苑引穀水、洛水通到黄河，从板渚引黄河水通到淮河。

几个月之后，隋炀帝就开始了巡游。

> 大业元年……。八月壬寅，上御龙舟，幸江都。……文武官五品以上给楼船，九品以上给黄篾。舳舻相接，二百余里。[2]

大业元年……。八月壬寅日，隋炀帝乘龙舟，到达江都。……五品以上的文武官员乘坐楼船，九品以上的文武官员乘坐黄篾船。船只首尾相接，长达二百余里。

与营建东都、开凿御河相比，巡游更是纯粹的消费，二百余里船队的大规模巡游团，所花费用不计其数。巡游不仅是纯粹的消费，而且启发了隋炀帝再兴巨型工程的思路，筑长城、修运河，

---

[1] 《隋书》卷三《炀帝上》，中华书局1973年版，第63页。
[2] 《隋书》卷三《炀帝上》，中华书局1973年版，第65页。

动辄百万人众，工程不断。工程越做越多，结果是男人已经不够用了，开始征女人从劳役。就是这样地折腾，拼命地花钱，还是不能将国民经济整垮。于是，隋炀帝另辟蹊径，发动了对高丽的战争。与汉武帝时代情况相类似，战争消耗与水患灾害同时发生了。

隋炀帝征发无度，人口大量死于战争和劳役。隋文帝时期社会积累的财富，已经消耗殆尽，社会生产已经无法正常进行，人民已经无法生活，强者聚而为盗，弱者自卖为奴。

大业七年（公元 611 年），农民起义在山东爆发。隋炀帝对农民起义并未在意，继续进行征发高丽的战争。大业八年（公元 612 年），隋炀帝亲率百万大军渡过辽水，进围辽东城，结具大败而归。大业九年（公元 613 年），隋炀帝再次亲率大军征发高丽，亦未能成功。没完没了的折腾，社会经济濒临崩溃，钱币也就日益轻薄滥恶。钱币中掺杂的铅锡较多，因而就成了白色。《新唐书·食货志》载：

隋末行五铢白钱。[1]

根据近代出土文物，隋末五铢白钱，重约 2.7 克（4.7 铢）。[2]

四、恶钱盛行造成五铢钱制度崩溃

1957 年，西安玉祥门外隋代李静训墓出土了 5 枚隋五铢。[3]

---

[1] 《新唐书》卷五四《食货四》，中华书局 1975 年版，第 1383 页。
[2] 《陕西金融》1990 年第 10 期。隋五铢采用南朝重量制度：1 铢折合现代 0.5729 克。
[3] 唐金裕：《西安西郊隋李静训墓发掘报告》，《考古》1959 年第 9 期。

1959 年，在对长沙隋墓的清理中发现了一墓随葬铜钱 93 枚。[1]
这些出土铜钱都是五铢白钱，钱币越轻薄，金属成色越低，铸币
的利益就越大。因此，隋末盗铸钱币的活动泛滥成灾。

> 　大业已后，王纲弛紊，巨奸大猾，遂多私铸，钱转恶薄。初
> 每千犹重二斤，后渐轻至一斤。或剪铁鍱，裁皮糊纸以为钱，相
> 杂用之。货贱物贵，以至于亡。[2]

　　大业年间以后，朝廷纲纪松弛紊乱，极其奸滑的人，就大多
私自铸钱，钱变得质薄粗劣。开始的时候，每 1000 枚重量还能
够达到 2 斤，后来逐渐减少到 1 斤。有的人剪凿铁片，裁皮糊纸
做钱，将坏钱与好钱互相掺杂使用。结果发生了通货膨胀，钱币
贬值，商品价格昂贵，这种情形一直延续到隋朝灭亡。

　　1000 枚五铢钱的理论重量是 5000 铢，即 208.3 两，或者 13
斤。理论上 13 斤重量的铜钱，减少到了只有 1 斤。并且在这只
有 1 斤重量的金属中，铜金属成分大幅度降低，铅金属成分大幅
度上升，铜钱变成了铅钱。百姓不再相信铜钱的真实性，不再接
受这些不断减值的钱币。

　　五铢钱制度被彻底败坏，人民无法生活，被迫举旗造反，隋
王朝终至灭亡。太原留守李渊乘机起兵，建立唐朝政权，并逐步
控制了隋王朝统治的大部分地区。为了支持战争，取得最后的胜
利；为了稳定经济秩序，恢复大后方的正常生产和商品流通；为

---

　　① 湖南省博物馆：《长沙两晋南朝隋墓发掘报告》，《考古学报》1959 年第 3 期。
　　② 《隋书》卷二四《食货志》，中华书局 1973 年版，第 692 页。

了提高百姓的信任度，唐王朝需要创造一种真实可信的钱币，以支持和巩固新兴政权。于是，唐王朝创建了"开元遁宝"钱币制度。随着唐王朝政权的逐步稳定，开元通宝制度逐步取代了五铢钱制度，成为国家法定的、统一的货币制度。

第三节
日本平安时代铅制的"铜钱"

日本平安时代前期，使用铅金属替代铜金属制造铜钱。铜钱中铅金属的含量越来越多，铜金属的含量越来越少，铜钱就变成了铅钱。百姓不再相信钱币的真实性，不再使用钱币进行交易，日本经济便进入了长达600年的无铸币时代。

一、铜钱的金属成色不断降低

公元796年（延历十五年），平安时代初期，桓武天皇铸行隆平永宝，1枚隆平永宝法定兑换10枚旧钱。

公元818年（弘仁九年），嵯峨天皇铸行富寿神宝。富寿神宝的铜金属成色下降，铅金属成分上升。铅金属要比铜金属软很多，容易磨损。所以，富寿神宝中的铅金属成分上升，造成钱币表面字迹模糊不清。于是，有人提出了意见。

公元820年（弘仁十一年），嵯峨天皇对大藏省诏曰：

铸钱司正在铸造的新钱，虽说币面文字不很清晰，但字势尚在。况且，即使存在小瑕疵也不妨碍其流通使用。因此还是应该研究一下予以接受为盼。①

降低金属成色之后，采铜量仍不能满足铸造钱币的需求。所以，日本朝廷只好减少每年铸造钱币的数量。

公元 821 年（弘仁十二年），铸钱使奏称：

从弘仁九年至今，铜矿开采量日趋减少，不足以铸造货币。希望铸造计划由五千六百七十贯减少为三千贯，且今后每年均按此计划执行。②

公元 835 年（承和二年），仁明天皇铸行承和昌宝，铜金属成色进一步下降，铅金属成分进一步上升。

公元 859 年（贞观元年），清和天皇铸行饶益神宝，其重量是日本皇朝十二钱中最轻的，币质更加恶劣，百姓兴起选择钱币之风。

公元 865 年（贞观七年），日本朝廷颁布禁止选钱的命令：

弘仁十一年六月通知大藏省，铸钱司正在铸造的新钱，虽说币面文字不很清晰，但字势尚在。况且，即使存在小瑕疵也不妨碍其流通使用。因此还是应该研究一下予以接受为盼。然而，如有愚昧无知者不明白这个道理，放纵自己的心去选择，或不接受，或者以文字不全为由，在十枚中弃舍二、三枚拒收，或者以缺边少角为由，从一百枚中弃舍八、九枚拒收。则需要米充饥的

---

①② 久光重平：《日本货币史概说》，孟郁聪译，法律出版社 2022 年版，第 23 页。

人则难以糊口，需要买棉的人则难以御寒暖身。为此，在路头张贴告示，严加禁止。如有违背者，就地施以杖刑。①

公元870年（贞观十二年），日本朝廷铸行贞观永宝，继续降低铜金属成色，铜金属成分已经降至接近一半，铸钱的做工也更加粗糙。

公元872年（贞观十四年）九月，据《日本三代实录》②的记载，新铸的贞观永宝钱文就磨毁了，轮廓也不见了，以致在日常交易中大多被放弃不用。日本朝廷对铸钱司进行了严厉的批评，要求其采取有效措施改善铸造工艺。

公元875年（贞观十七年），日本朝廷下令禁止百姓采矿冶铜造器，以保护铸造铜钱的铜金属资源：

听凭民意滋长而不知管制，私采长门国的铜矿，制造日用杂器，进行商品买卖，日渐成为恶习。这是铜矿收入减少的原因。因此要予以制止。③

二、用铅金属制造的"铜钱"

公元907年（延喜七年），醍醐天皇铸行"延喜通宝"。根据《钱谱》记载，延喜通宝并没有使用铜金属，而是模仿铜钱

---

① 久光重平：《日本货币史概说》，孟郁聪译，法律出版社2022年版，第25页。
② 《日本三代实录》：关于清和天皇、阳成天皇、光孝天皇三位天皇生活、工作当时的文字记录。
③ 久光重平：《日本货币史概说》，孟郁聪译，法律出版社2022年版，第26页。

制造的铅钱。与铜钱相比，铅钱易于磨损。所以，醍醐天皇在发行延喜通宝的诏书中说：

　　如果钱文中有一字能够看明白，大家都应该使用。如果有人进行挑选或者弃之不用，则将追究责任。[①]

　　延喜通宝已经不是真的铜钱，而是假铜钱。朝廷造假，百姓信心丧失殆尽，不愿接受这样的假钱。延喜通宝如图 6-5 所示。

图 6-5　延喜通宝

　　从此，日本古代的货币经济开始走向衰败。半个世纪之后，公元 958 年（天德二年），村上天皇铸行了皇朝最后一种钱币——"乹元大宝"。

　　这时延喜通宝已经流通了半个多世纪，是个非常糟糕的钱币。乹元大宝比延喜通宝更为糟糕，糟糕的程度超出了人们的想

---

　　① 久光重平：《日本货币史概说》，孟郁聪译，法律出版社 2022 年版，第 27 页。

象，以致百姓反应激烈，交易时对钱币进行选择，不接受新钱的流通。

公元963年（应和三年），日本朝廷进行公卿论奏，议定停止旧钱流通，只准许新钱流通。旧钱退出，只剩下新钱，百姓不接受也不行。不料，百姓仍然不接受新钱。没有了旧钱，百姓又不接受新钱，结果只能让商品交换回到以物易物的原始交换方式。

公元984年（宽和二年），史书记载：

从去年九月中旬至今，没有人用钱购买物品，货币不再流通，人民无不叹息。①

同时，官方表示要派遣"检非违使"，制止不用钱而用物物交换的行为。同时，为了让天下民众使用钱币，朝廷命令15座大寺的80位僧侣进行一个星期的祈祷，却没有收到任何效果。

三、日本经济进入无铸币时代

日本平安时代前期降低铜钱的铜金属成色，干脆用铅金属制造"铜钱"，百姓也不接受这种假钱，铜钱制度崩溃，日本经济进入长达600多年的无铸币时代。

降低铜钱的铜金属成色，只是日本古代经济进入长期无铸币时代的导火索。此事还有另外两个原因：

---

① 久光重平：《日本货币史概说》，孟郁聪译，法律出版社2022年版，第35页。

（1）提高铜钱的名义价值，以一当十，使百姓手中的钱币大幅度缩水，造成百姓重视商品而不愿使用钱币，则是日本古代经济从钱币媒介的商品交换方式转向以物易物的原始商品交换方式的主要推动力量。

（2）庄园经济的逐步兴起，商品经济的逐步衰败，是日本古代经济进入无铸币时代的根本原因。

自公元983年9月中旬起，日本百姓不再用钱购买商品，钱币就在日本逐步销声匿迹。没有了钱币，取而代之发挥货币作用的是稻谷、布帛等实物货币。

四、无铸币时代流通的钱币

日本百姓使用稻谷、布帛等实物货币的情形持续了一百多年，直到中国的宋钱进入日本，日本百姓才开始重新使用钱币进行商品交易。中国的宋钱进入日本，是从王安石变法开始的。

公元962年（建隆三年），宋太祖赵匡胤诏令禁止百姓挟钱出境。此后，北宋关于禁止铜钱出境的法令日益严厉。公元1074年，王安石废除钱禁，铜钱大量流入日本，北宋便出现了钱荒。

元朝（公元1271~1368年）实行单一纸币制度，铜钱被放置不用，北宋时期铸造的铜钱继续流向日本。所以，日本钱币流通的恢复，主要使用的是皇朝十二钱和北宋铜钱。同时，日本百姓私铸铜钱也逐步兴旺起来。

明朝初期，中国铜钱继续流向日本，其途径主要有三个，久光重平说：

室町时代日本的渡来钱大概是通过朝贡、通商、倭寇三条途径进口的。而且这三者之间也并不一定界限分明。朝贡船只通常是与通商船只相伴来往。朝贡被拒绝时就都变成通商，若通商再被拒绝，则可能又变成倭寇了。还有假通商却实为倭寇的。总而言之，这三者都是奔着同一个目的——把钱搞到手。①

日本的无铸币时代，经历了镰仓幕府时期（公元 1192~1333年）和室町幕府时期（公元 1336~1573 年），直到公元 1587 年，丰臣秀吉掌权时期，日本铸造天正通宝金银币，才正式结束了日本的无铸币时代。

第四节
降低金属成色颠覆钱币制度

将金属货币信用化的三种方式进行比较，最糟糕的方式就是降低金属货币的金属成色。金属货币信用化的核心内容是减少其金属价值，增加其信用价值。使用降低金属成色的方法，虽然减少了钱币的金属价值，但是同时也减少了钱币的信用价值，所以，只能导致钱币被人们废弃，钱币制度因此而被颠覆的恶果。

---

① 久光重平：《日本货币史概说》，孟郁聪译，法律出版社 2022 年版，第 65 页。

🐉 一、与其他两种信用化方式的比较

金属货币信用化的对象是钱币，实行者便是其发行者——古代国家的朝廷，目的是从民间敛财。金属货币信用化的三种方式，都是朝廷用来敛财的方式。钱币是朝廷垄断制造的，商品是百姓分散生产的。百姓作为被收敛的对象，最直接的对策就是提高商品价格，减少被朝廷收敛而造成的损失。

朝廷使用减少金属含量的方式，虽然是逐步进行的，百姓却可以直观到这种变化，从而采用提高商品价格的方式来应对。朝廷利用实币与虚币并行的方式，抑制商品价格的上升。同时，朝廷接受虚币作为纳税货币，从而维持商品价格的稳定。

朝廷使用提高钱币名义价值的方式，同样可以达到减少钱币中金属价值占比的结果，实现敛财的目的。但是，这种方式与减少金属含量的方式有所不同，它不是一个逐步的过程，而是一个突发的过程。百姓的应对方法，一是提高商品价格，二是收藏实币，支出虚币，会使市场上出现劣币驱逐良币的现象。同时，不法百姓盗铸虚币，导致市场上货币流通总量的剧增，引发严重的通货膨胀。所以，提高名义价值的方式，往往是朝廷的临时之举，实行后很快就被废黜不用。

降低金属成色不同于前两种方式，主要是百姓无法直观到钱币价值的变化。当人们发行钱币中的金属已经被贱金属所替换，成为"伪币"的时候，不法百姓便铤而走险，盗铸伪币，从中牟取暴利；守法百姓不堪遭受这种掠夺，并且无法分辨钱币的真假，便采用以物易物的原始商品交换方式，不再接受钱币。因

此，朝廷使用降低金属成色的方式进行虚币敛财，往往会导致原有货币制度的终结，不得不建立新的货币制度，以恢复百姓对于朝廷铸行钱币的信心。

相对减少金属含量，提高名义价值的方式是一种难以持续的方式，使用一段时间之后就会被废黜不用；相比减少金属含量和提高名义价值，降低金属成色的方式不仅没有增加钱币中发行者信用价值的占比，反而会造成钱币信用的丧失，引发钱币制度的崩溃。

二、金属货币信用化需要怎样的信用支持

朝廷为了增强人们对钱币价值的信心，实行了以下制度和措施：

（1）朝廷接受信用化的钱币作为纳税货币，作为财政收支的法定货币。

（2）朝廷设立了实币与虚币并行的制度，确立了实币与虚币之间的法定比价，让信用化的虚币代表一定价值的实币发挥货币职能。

（3）朝廷颁布法令，禁止百姓盗铸钱币，以保证流通中的大小钱币，都是朝廷制造的、具有无限法偿地位的法定钱币。

（4）禁止百姓销毁钱币，以保证朝廷铸行钱币的流通使用。

（5）禁止百姓交易时在实币与虚币之间进行选择。

（6）当商品价格上涨时，朝廷出售储备商品，平抑物价，以增强市场对信用化钱币的信心。

于是，百姓相信信用化钱币的价值，不仅将其用作价值尺

度、流通手段，而且将其用作财富储藏手段，用于窖藏或者墓葬。

三、降低金属成色就是降低发行者信用

信用化钱币中的一部分价值，是发行者信用的价值。发行者信用的价值，源于百姓对发行者的共同信任。

降低金属成色，使用者不仅无法分辨钱币的真假，更无法分辨钱币价值的多寡，自然对钱币失去信心，同时失去对发行者的信任。

当发行者——朝廷官府将一枚铜币支付给百姓时说："这是一枚银币。"百姓自然不肯接受，即便接受之后才发现这是一枚铜币，也会不再相信这种钱币的价值。于是，钱币的发行者的信用便被降低。

除此之外，针对朝廷偷偷降低钱币金属成色的行为，百姓分成两个群体：一群人采取了违法的对策；另一群人采取了守法的对策。

违法者使用贱金属盗铸假币，充当贵金属钱币使用，从中牟取暴利，造成假币泛滥和通货膨胀；守法者无法分辨钱币金属成色的多寡，无法估计钱币的价值，只好不再使用钱币交易，使商品交换回到以物易物的原始方式。此时，朝廷不得不寻求新的钱币制度，重新投入成本，以图恢复民众的信心。

在世界货币史中，采用降低金属成色的方式聚敛民财的情况并不多见。我们只介绍了罗马帝国、中国隋朝、日本平安时代的三个事例。这三个事例的结果，就是都结束了原有的、长期稳定

的钱币制度。

罗马帝国使用铜金属替代银金属制造狄纳里银币，结束了实行 500 多年的狄纳里银币制度；中国隋朝使用铅金属替代铜金属制造五铢铜钱，结束了实行 700 多年的五铢铜钱制度；日本平安时代朝廷使用铅金属替代铜金属制造铜钱，并且多次提高钱币的名义价值，造成旧钱名义价值的突升突降，结束了日本封建王朝的鼎盛时期，使日本从此进入了长达 600 多年的无铸币时代。

🐉 四、金属货币信用化最终产生非金属货币

金属称量货币经历了一千多年的发展和演化，产生了金属数量货币——钱币，而钱币则经历了近两千年的发展和演化，产生出了非金属货币——纸币。

在货币发展的历史长河中，从金属货币转为非金属货币，金属货币信用化起到了示范和推动的决定性作用。

在历史的各个时期，在世界的各个国度，发生的各种方式的金属货币信用化的实践，为人们展示了一个道理——金属货币的金属价值可以被发行者的信用价值所替代。支撑这种替代的力量，不仅是市场的发展对于货币流通总量存在着日益扩大的需求，而且还需要依靠发行者的经济实力和信用实力。

于是，中国的唐朝出现了"飞钱"；中国的宋朝出现了"交子"。这些非金属货币——纸币最初是由百姓分散制造和发行的。由于发行者的经济实力和信用实力不够，到了北宋年间，四川16 家富商联合发行交子，仍然不能满足市场对于发行者经济实力和信用实力的要求。所以，公元 1023 年（宋仁宗天圣元年），

北宋王朝成立"交子务",由国家统一发行和管理纸币流通,让纸币代表金属货币发挥货币职能。为了保障纸币的运行,北宋王朝建立了纸币发行限额制度、纸币发行准备制度和纸币流通届兑制度。

当今世界,金属数量货币——钱币已经不是货币的主要形态。货币的主要形态已经从金属货币转为非金属货币。不仅如此,纸币的发展又孕育出了无形货币的胚胎,有形货币正在向无形货币转化。展望未来,无形货币的运行,则需要更为严谨的法律秩序以及发行主体更为强大的经济实力和可靠的信用实力。

附　录

一、各国年表选录

（一）中国

1. 先秦时期年表

（1）先秦。

约 170 万年至 10 万年前	原始群落
10 万年前至公元前 8000 年	母系氏族公社初期
公元前 8000 年至公元前 3000 年	母系氏族公社发展期
公元前 3000 年至公元前 2070 年	父系氏族公社，出现 联盟领袖
公元前 2070 年至公元前 1600 年	夏朝
公元前 1600 年至公元前 1046 年	商朝
公元前 1046 年至公元前 771 年	西周
（A）公元前 1046 年至公元前 955 年	西周早期
（B）公元前 954 年至公元前 863 年	西周中期
（C）公元前 862 年至公元前 771 年	西周晚期
公元前 770 年至公元前 476 年	东周春秋

（A）公元前 770 年至公元前 673 年　　春秋早期

（B）公元前 672 年至公元前 575 年　　春秋中期

（C）公元前 574 年至公元前 476 年　　春秋晚期

公元前 475 年至公元前 221 年　　东周战国

（A）公元前 475 年至公元前 338 年　　战国早期　变法改革时期

（B）公元前 337 年至公元前 284 年　　战国中期　合纵连横时期

（C）公元前 283 年至公元前 221 年　　战国晚期　秦灭六国时期

（2）春秋中晚期及战国时期楚国。

公元前 740 年至公元前 690 年　　楚武王　熊通

公元前 689 年至公元前 675 年　　楚文王　熊赀

公元前 674 年至公元前 672 年　　楚堵敖　熊艰

公元前 671 年至公元前 626 年　　楚成王　熊恽

公元前 625 年至公元前 614 年　　楚穆王　熊商臣

公元前 613 年至公元前 591 年　　楚庄王　熊侣

公元前 590 年至公元前 560 年　　楚共王　熊审

公元前 559 年至公元前 545 年　　楚康王　熊招

公元前 544 年至公元前 541 年　　楚郏敖　熊员

公元前 540 年至公元前 529 年　　楚灵王　熊围

公元前 528 年至公元前 516 年　　楚平王　熊居

公元前 515 年至公元前 489 年　　楚昭王　熊珍

公元前 488 年至公元前 432 年　　楚惠王　熊章

公元前 431 年至公元前 408 年　　　　　楚简王　熊中

公元前 407 年至公元前 402 年　　　　　楚声王　熊当

公元前 401 年至公元前 381 年　　　　　楚悼王　熊疑

公元前 380 年至公元前 370 年　　　　　楚肃王　熊臧

公元前 369 年至公元前 340 年　　　　　楚宣王　熊良夫

公元前 339 年至公元前 329 年　　　　　楚威王　熊商

公元前 328 年至公元前 299 年　　　　　楚怀王　熊槐

公元前 298 年至公元前 263 年　　　　　楚顷襄王　熊横

公元前 262 年至公元前 238 年　　　　　楚考烈王　熊元

公元前 237 年至公元前 229 年　　　　　楚幽王　熊悍

公元前 228 年至公元前 228 年　　　　　楚哀王　熊犹

公元前 228 年至公元前 223 年　　　　　楚王负刍　熊负刍

（3）战国晚期秦国。

公元前 361 年至公元前 338 年　　　　　秦孝公

公元前 337 年至公元前 311 年　　　　　秦惠文王

公元前 310 年至公元前 307 年　　　　　秦武王

公元前 306 年至公元前 250 年　　　　　秦昭襄王

公元前 250 年至公元前 250 年　　　　　秦孝文王

公元前 249 年至公元前 247 年　　　　　秦庄襄王

公元前 246 年至公元前 221 年　　　　　秦王嬴政

2. 唐朝前期和北宋年表

（1）唐朝前期（公元 618 年至公元 763 年，共历 11 帝，145 年）。

公元 618 年至公元 626 年　　　　　唐高祖　李渊

公元 627 年至公元 649 年   唐太宗   李世民

公元 650 年至公元 683 年   唐高宗   李治

公元 683 年至公元 684 年   唐中宗   李显

公元 684 年至公元 684 年   唐睿宗   李旦

公元 684 年至公元 707 年   则天后   武曌

公元 705 年至公元 710 年   唐中宗   李显

公元 710 年至公元 710 年   唐殇帝   李重茂

公元 710 年至公元 712 年   唐睿宗   李旦

公元 712 年至公元 756 年   唐玄宗   李隆基

公元 756 年至公元 763 年   唐肃宗   李亨

（2）北宋（公元 960 年至公元 1127 年，共历 9 帝，167 年）。

公元 960 年至公元 976 年   宋太祖   赵匡胤

公元 976 年至公元 997 年   宋太宗   赵光義

公元 998 年至公元 1022 年   宋真宗   赵恒

公元 1023 年至公元 1063 年   宋仁宗   赵祯

公元 1064 年至公元 1067 年   宋英宗   赵曙

公元 1068 年至公元 1085 年   宋神宗   赵项

公元 1086 年至公元 1100 年   宋哲宗   赵煦

公元 1101 年至公元 1125 年   宋徽宗   赵佶

公元 1126 年至公元 1127 年   宋钦宗   赵桓

3. 清朝晚期年表（公元 1821 年至公元 1911 年，共历 5 帝，90 年）

公元 1821 年至公元 1850 年   清宣宗   旻宁（道光）

公元 1851 年至公元 1861 年   清文宗   奕詝（咸丰）

公元 1861 年至公元 1874 年　　　清穆宗　载淳(祺祥、同治)

公元 1875 年至公元 1908 年　　　清德宗　载湉（光绪）

公元 1909 年至公元 1911 年　　　　　溥仪（宣统）

（二）古罗马

公元前 753 年至公元前 509 年　　王政时期

公元前 509 年至公元前 27 年　　　罗马共和国

公元前 27 年至公元 476 年　　　　罗马帝国

（三）日本

（1）奈良时代（公元 710 年至公元 781 年，共历 7 位天皇，71 年）。

公元 708 年至公元 715 年　　　　元明天皇

公元 715 年至公元 724 年　　　　元正天皇

公元 724 年至公元 749 年　　　　圣武天皇

公元 749 年至公元 758 年　　　　孝谦天皇

公元 758 年至公元 764 年　　　　淳仁天皇

公元 764 年至公元 770 年　　　　称德天皇

公元 770 年至公元 781 年　　　　光仁天皇

（2）平安时代前期（公元 781 年至公元 967 年，共历 13 位天皇，186 年）。

公元 781 年至公元 806 年　　　　桓武天皇

公元 806 年至公元 809 年　　　　平城天皇

公元 809 年至公元 823 年　　　　嵯峨天皇

公元 823 年至公元 833 年   淳和天皇

公元 833 年至公元 850 年   仁明天皇

公元 850 年至公元 858 年   文德天皇

公元 858 年至公元 876 年   清和天皇

公元 876 年至公元 884 年   阳成天皇

公元 884 年至公元 887 年   光孝天皇

公元 887 年至公元 897 年   宇多天皇

公元 897 年至公元 930 年   醍醐天皇

公元 930 年至公元 946 年   朱雀天皇

公元 946 年至公元 967 年   村上天皇

二、货币史大事记

(一) 古罗马货币史大事记

年代	主要事件
公元前 753 年	始建罗马城
公元前 753 年至公元前 509 年	王政时代, 意大利当地居民使用青铜称量货币, 重量单位是阿斯
公元前 509 年至公元前 289 年 青铜称量货币阶段	意大利半岛上的希腊人使用德拉克马银币, 埃特鲁里亚人使用努米银币, 罗马人仍旧使用青铜称量货币, 重量单位是阿斯
公元前 289 年至公元前 211 年 青铜数量货币——铸币阶段	罗马共和国始铸青铜铸币, 国家垄断铜币的发行。在此期间, 1 枚阿斯铜币的重量从初期的 327 克降至末期的 54.5 克

年代	主要事件
公元前 211 年至公元前 82 年打制金属货币阶段	公元前 211 年，罗马共和国建立狄纳里银币制度，1 罗马磅白银打制 72 枚狄纳里银币。铜币和银币二币并行，都采用打制方式。公元前 201 年，狄纳里银币从 1 罗马磅白银打制 72 枚改为打制 84 枚，国家继续垄断铜币的发行。在此期间，1 枚阿斯铜币的重量从初期的 54.5 克降至末期的 11 克左右。在此期间，出现打制金币，单位是奥里斯
公元前 82 年至公元前 27 年将帅时代	出现打制金币，单位是奥里斯，1 罗马磅黄金打制 30 枚奥里斯金币
公元前 60 年至公元前 44 年前三头同盟时期	奥里斯金币和狄纳里银币都发生了减重。奥里斯金币从 1 罗马磅黄金打制 30 枚改为打制 40 枚；公元前 44 年，恺撒将自己的肖像刻印在货币上，当年被刺身亡
公元前 43 年至公元前 27 年后三头同盟时期	安东尼、屋大维相继将自己的肖像刻印在货币上
公元前 31 年	屋大维在亚克兴海战中获胜，成为罗马唯一的独裁者，为了遣散军队而大量发行货币
公元前 27 年	屋大维建立了尤利亚·克劳狄王朝。罗马共和国转为罗马帝国
公元前 19 年	屋大维当选为终身执政官，开始统一货币的发行。此后，罗马世界各地的货币，逐步被罗马货币所替代

（二）中国古代货币史大事记

公元前 3000 年至公元前 2070 年：

黄河流域古人进入父系氏族公社，出现部落联盟领袖，古人开始采矿冶铜。

公元前 2070 年至公元前 1600 年：

夏朝，青铜称量货币成为商品交换媒介，缺乏统一的称量标准。

公元前 1600 年至公元前 1046 年：

商朝，青铜称量货币采用钧、寽为单位，作为商品交换媒介，发挥货币职能。出现铜斧、铜块等原始数量货币。

公元前 1046 年至公元前 771 年：

西周，青铜称量货币流通逐步繁荣。

公元前 770 年至公元前 476 年：

东周春秋，出现青铜数量货币空首布、铜贝、鲜虞刀。

公元前 475 年至公元前 221 年：

东周战国，出现各种布币、刀币、铜贝、圜钱等青铜数量货币，金银称量货币，珠玉龟贝、银锡之属也作为货币流通。公元前 336 年，秦惠文王垄断铸行半两钱。

公元前 221 年至公元前 210 年：

秦始皇时期，废除各诸侯国的各种货币，只留黄金、布和半两钱三种货币流通。

公元前 209 年至公元前 207 年：

秦二世胡亥时期，废除布货币，铸行半两钱。

公元前 206 年：

秦亡，刘邦为汉王，楚汉战争开始。

公元前 205 年：

刘邦命令百姓自由铸造半两钱，黄金货币单位从"镒"改为"斤"。

公元前 202 年：

楚汉战争结束，刘邦即皇帝位。

三、古罗马货币专业词汇

中文	外文	注释
斯塔特	STATER	吕底亚王国货币单位，有合金币、金币、银币
德拉克马	DRACHMA	希腊银币。2 德拉克马等于 1 斯塔特。1 德拉克马银币等于 10 阿斯铜币
奥波	OBOL	希腊银币。1 德拉克马等于 6 奥波
大流克	DARIC	波斯金币
西格罗斯	SIGLOS	波斯银币
舍客勒	SHEKEL	两河流域白银称量货币单位
努米	NUMMI	埃特鲁里亚银币
努姆斯	NUMMUS	努米的复数形式
粗铜币	AES RUDE	青铜块，称量货币
印记铜币	AES SIGNATUS	有印记的青铜块，称量货币
重铜币	AES GRAVE	有标准形制的青铜铸币
阿斯	AS	罗马铜币基本单位
都蓬第	DUPONDIUS	2 阿斯等于 1 都蓬第
塞斯特提	SESTERTIUS	2.5 阿斯等于 1 塞斯特提
塞米斯	SEMIS	1 阿斯等于 2 塞米斯
屈莱恩	TRIENS	1 阿斯等于 3 屈莱恩
夸德伦	QUADRANS	1 阿斯等于 4 夸德伦
塞克斯坦	SEXTANS	1 阿斯等于 6 塞克斯坦

中文	外文	注释
盎司	UNCIA	1 阿斯等于 12 盎司
狄纳里	DENARIUS	1 狄纳里等于 10 阿斯
奥里斯	AUREUS	1 奥里斯等于 25 狄纳里

四、中国古今度量衡对照

1. 先秦度制

春秋战国时期，1 升折合现代 200 毫升。10 升为 1 斗，100 升为 1 斛。

2. 先秦量制

春秋战国时期，1 尺折合现代 23.1 厘米。1 尺为 10 寸，10 尺为 1 丈。

3. 先秦衡制

春秋战国时期，1 斤折合现代 253 克。

单位	折合现代（克）	备注
石（起自夏）	30360	4 钧，120 斤
钧（起自夏）	7590	24 镒，72 孚，30 斤
孚（起自商）	105.42	1/3 镒
镒（起自周）	316.25	20 两
斤（起自周）	253	16 两
两（起自周）	15.8125	24 铢
铢（起自周）	0.65885	

4. 战国时期，各主要诸侯国镒的重量

诸侯国	折合现代（克）	备注
楚国	250.00	楚镒为 16 两
魏国	315.83	魏镒为 20 两
齐国	369.65	齐镒为 24 两
卫国	373.91	卫镒为 24 两

注：楚、魏、齐、卫国有出土铭文器物证据，秦国尚无出土证据。推定秦国 1 镒等于 24 两，秦国镒折合现代 379.50 克。

5. 魏国货币重量单位釿

1 镒等于 3 孚或 12 釿。

魏国 1 镒：315.83 克；魏国 1 孚：105.28 克；魏国 1 釿：26.32 克。

6. 齐国货币重量单位化

1 镒等于 8 化或 96 偿。

齐国 1 镒：369.65 克；齐国 1 化：46.21 克。

7. 楚国货币重量单位贝

1 镒等于 16 两或 32 贝。

楚国 1 镒：250.00 克；楚国 1 两：15.625 克；

楚国 1 贝：7.81 克。

8. 秦国货币重量单位半两

秦国 1 镒：24 两，379.50 克；

秦国 1 斤：253.00 克；

秦国 1 两：15.8125 克；

秦国 1 铢：0.6589 克；

秦国半两：7.91 克。

五、中国古代重要货币法规

（一）秦律·金布律

【简介】

关于中国古代的货币立法，我们可以看到的最直接的资料是 1975 年在湖北孝感市云梦县睡虎地秦墓中发现的秦律竹简，其中有《金布律》15 条，是现存我国最早的货币立法文献。《金布律》不知其确切的订立年代，但可以断定其行用时间是在秦始皇统一六国之前的战国晚期，是战国晚期秦国的立法，秦灭六国后被推广到全国使用。

云梦睡虎地秦墓竹简被整理出 1155 支，内容大部分是法律、文书，不仅有秦律，而且有解释律文的问答和有关治狱的文书程式。据学者考证，云梦睡虎地秦墓的墓主是墓中发现竹简所载《编年记》中所提到的喜。简中记载，喜生于秦昭王四十五年（公元前 262 年），秦始皇元年（公元前 246 年）傅籍，秦始皇三年（公元前 244 年）进用为史，即从事文书事务的小吏，秦始皇四年（公元前 243 年）为安陆狱史，秦始皇六年（公元前 241 年）为安陆令史，秦始皇七年（公元前 240 年）为鄢令史，秦始皇十二年为治狱鄢，即为鄢地狱掾，审理法律案件。简文终于秦始皇三十年（公元前 217 年），即秦统一全国后的第四年。这年，喜去世，终年 46 岁，与墓中人骨鉴定年龄相符。喜一生在秦始皇治下历任各种与司法有关的职务，经历了秦始皇建立全国统一政权和实现全国法律统一的过程。因此，可以相信，云梦睡虎地秦墓竹简所载的秦代货币立法文献，是考证秦代货币铸造、发行和流通规则最直接、最可靠的资料。《金布律》共 15 条，其中有关钱币法律 2 条、布币法律 3 条、债务法律 4 条和财务管理法律 6 条。

【正文】①

律文　第 1 条：

官府受钱者，千钱一畚，以丞、令印印。不盈千者，亦封印之。钱善不善，杂实之。出钱，献封丞、令，乃发用之。百姓市用钱，美恶杂之，勿敢异。

注释：

1. 畚：音本（běn），一种用蒲草编织的容器。

2. 实杂之：装在一起。

译文　第 1 条：

官府收入铜钱，以 1000 枚铜钱装为一畚，用其丞、令官员的印封缄。铜钱数量不满 1000 枚的，也应封缄。铜钱质好的和不好的，应装在一起。支出铜钱时，要把印封呈献丞、令验视，然后启封使用。百姓在使用铜钱交易商品时，铜钱质量好坏，要一起通用，不准对好坏铜钱进行选择。

---

①　睡虎地秦墓竹简整理小组：《睡虎地秦墓竹简·金布律》，文物出版社 1978 年版，第 55-92 页。

律文　第2条：

布袤八尺，福（幅）广二尺五寸。布恶，其广袤不如式者，不行。

注释：

1. 布：战国晚期秦国用麻织造的法定货币。

2. 袤：音毛（máo），长度。

译文　第2条：

布长8尺，幅宽2尺5寸。布的质量不好，长宽不合标准的，不得作为货币流通。

律文　第3条：

钱十一当一布。其出入钱以当金、布，以律。

注释：

1. 当：折合。

2. 金：黄金，战国晚期秦国的法定货币。

译文　第3条：

11枚铜钱折合1布。如果官府收支铜钱来折合黄金或布，其折合比率，应按法律的规定。

律文　第4条：

贾市居列者及官府之吏，毋敢择行钱、布；择行钱、布者，列伍长弗告，吏循之不谨，皆有罪。

注释：

1. 列：坐列贩卖者。

2. 行钱、布：法定流通的铜钱和法定流通的麻布。

译文　第4条：

市肆中的商贾和官家府库的吏，都不准对铜钱和布两种货币有所选择；有选择使用的，列伍长不告发，吏检察不严，都有罪。

律文　第5条：

有买及买殹，各婴其贾。小物不能各一钱者，勿婴。

注释：

1. 殹：音一（yī），也。

2. 婴：音英（yīng），系。

译文　第5条：

有所买卖，应分别系籤标明价格。小件物品每件价值不足1钱的，不必系籤标明价格。

律文　第6条：

官相输者，以书告其出计之年，受者以入计之。八月、九月中其有输，计其输所远近，不能逮其输所之计，□□□□□□□移计其后年，计勿相谬。工献输官者，皆深以其年计之。

注释：

1. 逮：音戴（dài），及。

2. 深：音审（shěn），固定。

译文　第6条：

官府输送物品，应以文书通知其出账的年份，接受者按收到的时间记账。如在八月、九月中输送，估计所运处所的距离，不能赶上所运处所的结账……改计入下一年账内，双方账目不要矛盾。工匠向官府上缴产品，都应固定按其产年记账。

律文　第7条：

都官有秩吏及离官啬夫，养各一人，其佐、史与共养；十人，车牛一两（辆），见牛者一人。都官之佐、史冗者，十人，养一人；十五人，牛车一两（辆），见牛者一人；不盈十人者，各与其官长共养、车牛，都官佐、史不盈十五人者，七人以上鼠（予）车牛、仆，不盈七人者，三人以上鼠（予）养一人；小官毋（无）啬夫者，以此鼠（予）仆、车牛。（艰）生者，食其母日粟一斗，旬五日而止之，别（奉）以段（假）之。

注释：

1. 离官：附属机构。

2. 啬夫：乡级行政区划负责赋税与司法的官员。秦代地方政府为郡县制。县令为一县最高行政长官，负责一县的政务和司法。县令之下设丞，协助县令从事政务活动。县之下有乡，"有秩"为一乡的主管官吏，其下有"三老"负责教化，"啬夫"负责赋税与司法，"游缴"负责社会治安。

3. 见牛者：看牛的人。

4. 仆：赶车的人。

译文　第7条：

都官的有秩吏及其分支机构的啬夫，每人分配做饭的一人，他们的佐、史和他们一起使用；每十人，分配牛车一辆，看牛的一人。都官的佐、史人数多的，每十人分配做饭的一人；每十五人，分配牛车一辆，看牛的一人；不满十人的，各自与他们的官长共用做饭的人和车牛。都官的佐、史不满十五人的，七人以上分配车牛和赶车的仆，不满七人的，三人以上分配做饭的一人；不设啬夫的小机构，按此标准分配赶车的人和车牛。牛产仔困难，每天饲给母牛粮谷一斗，至十五天截止，分开喂养以备借出使用。

律文　第8条：

有责（债）于公及赀、赎者居他县，辄移居县责之。公有责（债）百姓未赏（偿），亦移其县，县赏（偿）。

注释：

1. 赀：音资（zī），有罪而被罚令缴纳财物。
2. 赎：缴纳财物去赎死刑或肉刑等罪。

译文　第8条：

欠官府债和被判处赀、赎者住在另一县，应即发文给所住的县，由该县负责索缴。官府欠百姓的债而未偿还，也应发文书给百姓所在的县，由该县偿还。

律文　第9条：

百姓假公器及有责（债）未赏（偿），其日践（足）以收责之，而弗收责，其人死亡；及隶臣妾有亡公器，畜生者，以其日月减其衣食，毋过三分取一，其所亡众，计之，终岁衣食不（足）以稍赏（偿），令居之，其弗令居之，其人［死］亡，令其官啬夫及吏主者代赏（偿）之。

注释：

1. 践：足。

2. 令居之：勒令居作，即以劳役抵偿。

译文　第9条：

百姓借用官府器物或欠债未还，时间足够收回，而未收回，该债务人死亡，令该官府啬夫和主管其事的吏代为赔偿。隶臣妾有丢失官府器物或牲畜的，应从丢失之日起按月扣除隶臣妾的衣食，但不能超过衣食的三分之一，若所丢失过多，算起来隶臣妾整年衣食都不够全部赔偿，应令隶臣妾居作，如果不令隶臣妾居作，该人死亡，令该官府啬夫和主管其事的吏要代为赔偿。

律文　第10条：

县、都官坐效、计以负赏（偿）者，已论，啬夫即以其直（值）钱分负其官长及冗吏，而人与参辩券，以效少内，少内以收责之。其入赢者，亦官与辩券，入之。其责（债）毋敢逾岁，逾岁而弗入及不如令者，皆以律论之。

注释：

1. 坐：因……而犯罪。

2. 参辩券：可以分为3份的木券，由啬夫、少内和赔偿者各执1份，作为缴纳赔偿的凭证。

3. 少内：财政机构。

译文　第10条：

县、都官在点验或会计中有罪而应赔偿者，经判处后，有关官府啬夫即将其应偿钱数分摊其官长和群吏，发给每人一份木制三联券，以便向少内缴纳，少内凭券收取。如有盈余应上缴的，也由官府发给木制三联券，以便上缴。欠债不得超过当年，如超过当年仍不缴纳，以及不按法令规定缴纳的，均依法论处。

律文　第 11 条：

官啬夫免，复为啬夫，而坐其故官以赀赏（偿）及有它责（债），贫窭毋（无）以赏（偿）者，稍减其秩、月食以赏（偿）之，弗得居；其免殹（也），令以律居之。官啬夫免，效其官而有不备者，令与其稗官分，如其事。吏坐官以负赏（偿），未而死，及有罪以收，抉出其分。其已分而死，及恒作官府以负责（债），牧将公畜生而杀、亡之，未赏（偿）及居之未备而死，皆出之，毋责妻、同居。

注释：

1. 窭：音据（jù），贫困拮据。

2. 稗：音败（bài），草本植物，形象如稻，不长粮食。

3. 稗官：收入低下的小官。

4. 如其事：按照各人所负的责任。

5. 恒作：为官府经营手工业。

6. 同居：除父母、妻子之外的，在一起生活的兄弟、兄弟之子等。

译文　第 11 条：

机构的啬夫免职，以后又任啬夫，由于前任时有罪应缴钱财赔偿，以及有其他债务，而贫困无力偿还的，应分期扣除其俸禄和口粮作为赔偿，不得令他服劳役以抵偿损失；如已免职，则应依法令他服劳役以抵偿损失。机构的啬夫免职，点验其所管物资而有不足数的情形，应令他和他属下的小官按各自所负责任分担。吏由于官的罪责而负欠，尚未分担而死去，以及有罪而被捕，应免去其所分担的一份。如已分担而死去，以及为官府经营手工业而负债，或放牧官有牲畜而将牲畜杀死、丢失，尚未偿还及服劳役以抵偿损失未能完成而死去，都可免除，不必责令其妻和同居者赔偿。

律文　第 12 条：

　　县、都官以七月粪公器不可缮者，有久识者靡蛊之。其金及铁器入以为铜。都官输大内，内受买（卖）之，尽七月而觱（毕）。都官远大内者输县，县受买（卖）之。粪其有物不可以须时，求先买（卖），以书时谒其状内史。凡粪其不可买（卖）而可以为薪及盖翳者，用之；毋（无）用，乃燔之。

注释：

1. 粪：处理。

2. 靡蛊：磨铲。

3. 觱：音毕（bì），古代的一种管乐器。

4. 须：等待。

5. 时谒：及时报请。

6. 翳：音医（yī），遮障。

译文　第 12 条：

　　各县、都官在七月处理已经无法修理的官有器物，器物上有标识的应加以磨除。铜器和铁器要上缴作为金属原料。都官所处理的器物应运交大内，由大内收取变卖，至七月底完毕。都官距大内路远的运交给县，由县收取变卖。处理时如有物品不能拖延时间，要求先卖，应以文书将其情况及时报告内史。所处理物品如无法变卖而可以做薪柴和盖障用的，仍应使用，无用的，始得烧毁。

律文　第 13 条：

传车、大车轮，葆修缮参邪，可殹（也）。书革、红器相补缮。取不可葆缮者，乃粪之。

注释：

1. 书革：生熟皮革。

2. 红：此处指织物。

译文　第 13 条：

传车或大车的车轮，可修理其歪斜不正处。皮革或织物制造的物品，坏了可以互相修补。已经不能修理的，始得加以处理。

律文　第 14 条：

受（授）衣者，夏衣以四月尽六月稟之，冬衣以九月尽十一月稟之，过时者勿稟。后计冬衣来年。囚有寒者为褐衣。为幪布一，用枲三斤。为褐以稟衣：大褐一，用枲十八斤。直（值）六十钱；中褐一，用枲十四斤，直（值）卅六钱；小褐一，用枲十一斤，直（值）卅六钱。已稟衣，有余褐十以上，输大内，与计偕。都官有用□□□□其官，隶臣妾、春城旦毋用。在咸阳者致其衣大内，在它县者致衣从事之县。县、大内皆听其官致，以律禀衣。

注释：

1. 枲：音西（xī），不结果实的大麻，茎皮纤维可以用来织布。

2. 褐：用枲编织的衣服。

译文　第 14 条：

发放衣服的，夏衣从 4 月到 6 月底发给，冬衣从 9 月到 11 月底发给，过期不领的不再发给。冬衣应记在下一年账上。囚犯寒冷无衣可做褐衣。做幪布 1 条，用粗麻 3 斤。做发放用的褐衣：大褐衣 1 件，用粗麻 18 斤，值 60 钱；中褐衣 1 件，用粗麻 14 斤，值 46 钱；小褐衣 1 件，用粗麻 11 斤，值 36 钱。发放衣服后，剩余褐衣 10 件以上，应送交大内，与每年的账簿同时交送。都官有用其官，隶臣妾、春城旦不得用。在咸阳服役的，凭券向大内领衣；在其他县服役的，凭券向所在县领衣。县或大内都按照其所属机构所发的券，依法律规定发给衣服。

律文　第 15 条：

禀衣者，隶臣、府隶之毋妻者及城旦，冬人百一十钱，夏五十五钱，其小者冬七十七钱，夏卅四钱；春冬人五十五钱，夏卅四钱，其小者冬卅四钱，夏卅三钱；隶臣妾之老及小不能自衣者，如春衣。亡，不仁其主及官者，衣如隶臣妾。

注释：

1. 禀：音秉（bǐng），承受。

2. 不仁其主：不忠实对待主人。

译文　第 15 条：

领取衣服的，隶臣、府隶中没有妻子的以及城旦，冬季每人缴 110 钱，夏季 55 钱；其中小的，冬季 77 钱，夏季 44 钱。春季、冬季每人缴 55 钱，夏季 44 钱；其中小的，冬季 44 钱，夏季 33 钱。隶臣妾中的老、小，不能自备衣服的，按春的标准给衣。逃亡或冒犯主人以及官长的臣妾，按隶臣妾的标准给衣。

（二）汉律·二年律令·钱律

【简介】

1983 年底至 1984 年初，湖北荆州市江陵县张家山 247 号汉墓出土了 1236 支竹简，其中有久佚的汉律。在律令简文中，有一支简的背面，铭文载有"二年律令"四字。《二年律令》是高皇后（吕太后）二年（公元前 186 年）朝廷颁布的成文法，其中有《钱律》8 条。

与秦律·金布律相比，汉律·二年律令·钱律突出了以下几个特点：

（1）继承了秦律中保护朝廷铸行的不足值劣等铜钱按照名义价值流通的规定。

（2）打击销毁铜钱的行为。

（3）加大了对百姓盗铸铜钱行为的打击力度，对盗铸者和协助盗铸者都要处以死刑。

（4）协助官府捕捉盗铸钱者，免罪。

（5）继承了秦律中自首从轻的刑法原则。

【正文】①

律文 第1条：

钱径十分寸八以上，虽缺铄，文章颇可智（知），而非殊折及铅钱也，皆为行钱。金不青赤者，为行金。敢择不取行钱、金者，罚金四两。

注释：

1. 十分寸八：十分之八寸。

2. 行：法定流通。

译文 第1条：

铜钱直径达到 0.8 寸以上的，虽有磨损，铭文可辨，而不是断碎或铅钱，就是法定流通的铜钱；金不是伪金，就是法定流通的黄金。对拒绝接受法定流通的铜钱或法定流通的黄金者，罚金四两。

律文 第2条：

故毁销行钱以为铜、它物者，坐臧（赃）为盗。

注释：

1. 铜：铜材。

2. 它物：不是铜材，而是铜制的其他物品，即铜器。

译文 第2条：

故意销毁法定流通的铜钱，将其熔为铜材料或制造成其他铜器物者，要按"盗"的罪名处罚。

---

① 张家山二四七号汉墓竹简整理小组：《张家山汉墓竹简》，文物出版社 2006 年版，第 35—36 页。

律文　第 3 条：

为伪金者，黥为城旦舂。

注释：

1. 黥：脸上刺字的刑罚。

2. 城旦舂：城旦指男犯，做筑城墙的劳役；舂指女犯，做舂米的劳役。

译文　第 3 条：

对伪造黄金者，处罚为脸上刺字并罚做筑城墙和舂米的劳役。

律文　第 4 条：

盗铸钱及佐者，弃市。同居不告，赎耐。正典、田典、伍人不告，罚金四两。或颇告，皆相除。尉、尉史、乡部、官、啬夫、士吏、部主者弗得，罚金四两。

注释：

1. 赎：罚款。

2. 耐：剃去鬓须的耻辱刑。

3. 同居：除父母、妻子之外的，在一起生活的兄弟、兄弟之子等。

译文　第 4 条：

盗铸钱者及协助盗铸者，处以死刑。同居不向官府告发，罚款并剃去鬓须。主管官员正典和田典，或伍人连坐者不向官府告发，罚金 4 两。上述人员若向官府告发，便免除对他们的处罚。上级相关官员，尉、尉史、乡部、官、啬夫、士吏、部主等未能及时察觉，罚金 4 两。

律文　第 5 条：

智（知）人盗铸钱，为买铜、炭，及为行其新钱，若为通之，与同罪。

注释：

1. 行：发行流通。

2. 通：通钱，使用钱。

译文　第 5 条：

知道某人盗铸钱，却帮助他买铜材料、炭，或将盗铸的铜钱投入市场流通者，与盗铸的人同罪。

律文　第 6 条：

捕盗铸钱及佐者死罪一人，予爵一级。其欲以免除罪人者，许之。捕一人，免除死罪一人，若城旦舂、鬼薪白粲二人，隶臣妾、收入、司空三人以为庶人。

注释：

1. 鬼薪：男犯为鬼薪，去山中砍柴以供宗庙祭祀。

2. 白粲：女犯为白粲，择米以供宗庙祭祀。

译文　第 6 条：

捕获盗铸钱者 1 人或捕获协助盗铸钱者 1 人，爵位提升 1 级。如果他要求免除罪人，也可以。捕获盗铸钱者 1 人或捕获协助盗铸钱者 1 人，可免除死罪 1 人，或免除城旦舂、鬼薪白粲 2 人；或免除隶臣妾、收入、司空 3 人。

律文　第 7 条：

盗铸钱及佐者，智（知）人盗铸钱，为买铜、炭及为行其新钱，若为通之，而颇能行捕，若先自告，告其与，吏捕颇得之，除捕者罪。

注释：

1. 自告：自首。

2. 除：免除。

译文　第 7 条：

盗铸钱者、协助盗铸钱者，知道有人盗铸钱而为其购买铜材、炭者及将盗铸的钱投入市场流通者，若能协助官府去捕捉其他盗铸者或协助盗铸者，若能自首并告发同伙，并捉到同伙犯法者，即能除罪。

律文　第 8 条：

诸谋盗铸钱，颇有其器具未铸者，皆黥以为城旦春，智（知）为买铸钱具者，与同罪。

注释：

1. 谋：计划，准备。

2. 智：知道。

译文　第 8 条：

计划盗铸铜钱，已经准备了器具，但并没有铸造者，处罚为脸上刺字并罚做筑城墙和春米的劳役。知道某人准备盗铸铜钱，帮助该人购买铸钱器具者，同罪处罚。

六、石俊志货币史著述及主编译丛书目

（一）货币史著作书目

1. 《半两钱制度研究》，中国金融出版社 2009 年版。

2. 《五铢钱制度研究》，中国金融出版社 2011 年版。

3. 《中国货币法制史概论》，中国金融出版社 2012 年版。

4. 《中国货币法制史话》，中国金融出版社 2014 年版。

5. 《中国铜钱法制史纲要》，中国金融出版社 2015 年版。

6. 《夺富于民——中国历史上的八大聚敛之臣》，中信出版集团 2017 年版。

7. 《中国古代货币法二十讲》，法律出版社 2018 年版。

8. 《中国货币的起源》，法律出版社 2020 年版。

9. 《尤利亚·克劳狄王朝货币简史》，中国金融出版社 2020 年版。

10. 《货币的起源》，法律出版社 2020 年版。

11. 《世界古国货币漫谈》，经济管理出版社 2020 年版。

12. 《钱币的起源》，法律出版社 2021 年版。

13. 《称量货币时代》，金融出版社 2021 年版。

（二）货币史论文

1. 《秦始皇与半两钱》，载《中国金币》2013 年第 4 期，总 30 期。

2. 《刘邦与榆荚钱》，载《中国金币》2013 年第 5 期，总

31 期。

3.《吕后和"钱律"》，载《中国金币》2013 年第 6 期，总 32 期。

4.《曹操恢复五铢钱》，载《中国金币》2014 年第 2 期，总 34 期。

5.《唐高祖始铸开元通宝》，载《当代金融家》2014 年第 4 期。

6.《褚遂良与捉钱令史》，载《当代金融家》2014 年第 5 期。

7.《唐高宗治理恶钱流通》，载《当代金融家》2014 年第 6 期。

8.《第五琦与虚钱》，载《当代金融家》2014 年第 7 期。

9.《杨炎与钱荒》，载《当代金融家》2014 年第 8 期。

10.《王安石废除钱禁》，载《当代金融家》2014 年第 9 期。

11.《蔡京铸行当十钱》，载《当代金融家》2014 年第 10 期。

12.《唐僖宗整顿钱币保管业》，载《当代金融家》2014 年第 11 期。

13.《宋徽宗改交子为钱引》，载《当代金融家》2014 年第 12 期。

14.《张浚与四川钱引》，载《当代金融家》2015 年第 1 期。

15.《忽必烈发行宝钞》，载《当代金融家》2015 年第 2 期。

16.《脱脱与钱钞兼行》，载《当代金融家》2015 年第 3 期。

17.《张汤与五铢钱》，载《当代金融家》2015 年第 4 期。

18. 《颜异反对发行白鹿皮币》，载《当代金融家》2015 年第 5 期。

19. 《王莽的货币改制》，载《当代金融家》2015 年第 6 期。

20. 《董卓败坏五铢钱》，载《当代金融家》2015 年第 7 期。

21. 《刘备与虚币大钱》，载《当代金融家》2015 年第 8 期。

22. 《刘义恭与四铢钱》，载《当代金融家》2015 年第 9 期。

23. 《中国古代八大敛臣·杨炎（上）》，载《当代金融家》2015 年第 10 期。

24. 《中国古代八大敛臣·杨炎（下）》，载《当代金融家》2015 年第 11 期。

25. 《中国古代八大敛臣·张汤（上）》，载《当代金融家》2015 年第 12 期。

26. 《中国古代八大敛臣·张汤（下）》，载《当代金融家》2016 年第 1 期。

27. 《中国古代八大敛臣·第五琦（上）》，载《当代金融家》2016 年第 2 期、第 3 期。

28. 《中国古代八大敛臣·第五琦（下）》，载《当代金融家》2016 年第 4 期。

29. 《中国古代八大敛臣·阿合马（上）》，载《当代金融家》2016 年第 5 期。

30. 《中国古代八大敛臣·阿合马（下）》，载《当代金融家》2016 年第 6 期。

31. 《中国古代八大敛臣·刘晏（上）》，载《当代金融家》2016 年第 7 期。

32.《中国古代八大敛臣·刘晏（下）》，载《当代金融家》2016 年第 8 期。

33.《中国古代八大敛臣·贾似道（上）》，载《当代金融家》2016 年第 9 期。

34.《中国古代八大敛臣·贾似道（下）》，载《当代金融家》2016 年第 10 期。

35.《中国古代八大敛臣·蔡京（上）》，载《当代金融家》2016 年第 11 期。

36.《中国古代八大敛臣·蔡京（下）》，载《当代金融家》2016 年第 12 期。

37.《中国古代八大敛臣·脱脱（上）》，载《当代金融家》2017 年第 1 期。

38.《中国古代八大敛臣·脱脱（下）》，载《当代金融家》2017 年第 2 期。

39.《百姓市用钱，美恶杂之，勿敢异》，载《当代金融家》2017 年第 3 期。

40.《布恶，其广袤不如式者，不行》，载《当代金融家》2017 年第 4 期。

41.《黄金以镒名，为上币》，载《当代金融家》2017 年第 5 期。

42.《盗铸钱与佐者，弃市》，载《当代金融家》2017 年第 6 期。

43.《故毁销行钱以为铜、它物者，坐臧为盗》，载《当代金融家》2017 年第 7 期。

44. 《敢择不取行钱、金者，罚金四两》，载《当代金融家》2017 年第 8 期。

45. 《各以其二千石官治所县金平贾予钱》，载《当代金融家》2017 年第 9 期。

46. 《禁天下铸铜器》，载《当代金融家》2017 年第 10 期。

47. 《私贮见钱，并不得过五千贯》，载《当代金融家》2017 年第 11 期。

48. 《禁铜钱无出化外》，载《当代金融家》2017 年第 12 期。

49. 《私有铜、鍮石等，在法自许人告》，载《当代金融家》2018 年第 1 期。

50. 《贯钞兼行，无他物以相杂》，载《当代金融家》2018 年第 2 期、第 3 期。

51. 《金银之属谓之宝，钱帛之属谓之货》，载《当代金融家》2018 年第 4 期。

52. 《西汉赐予悉用黄金，而近代为难得之货》，载《当代金融家》2018 年第 5 期。

53. 《兵丁之领钞者难于易钱市物》，载《当代金融家》2018 年第 6 期。

54. 《取息过律，会赦，免》，载《当代金融家》2018 年第 7 期。

55. 《百姓有责，勿敢擅强质》，载《当代金融家》2018 年第 8 期。

56. 《制钱者，国朝钱也》，载《当代金融家》2018 年第

9 期。

57.《弛用银之禁》，载《当代金融家》2018 年第 10 期。

58.《思划一币制，与东西洋各国相抗衡》，载《当代金融家》2018 年第 11 期。

59.《由是钱有虚实之名》，载《当代金融家》2018 年第 12 期。

60.《罢五铢钱，使百姓以谷帛为市》，载《当代金融家》2019 年第 1 期。

61.《复置公廨本钱，以诸司令史主之》，载《当代金融家》2019 年第 2 期、第 3 期。

62.《大钱当两，以防剪凿》，载《当代金融家》2019 年第 4 期。

63.《哈斯蒙尼王朝的普鲁塔》，载《当代金融家》2019 年第 5 期。

64.《波斯帝国的重量制度》，载《当代金融家》2019 年第 6 期。

65.《乌尔第三王朝的白银货币》，载《当代金融家》2019 年第 7 期。

66.《古巴比伦王国的乌得图》，载《当代金融家》2019 年第 8 期。

67.《埃什嫩那王国的大麦货币》，载《当代金融家》2019 年第 9 期。

68.《赫梯法典中的玻鲁舍客勒》，载《当代金融家》2019 年第 10 期。

69.《古代亚述的黑铅货币》，载《当代金融家》2019 年第 11 期。

70.《吕底亚王国的琥珀金币》，载《当代金融家》2019 年第 12 期。

71.《克里特岛上的斯塔特银币》，载《当代金融家》2020 年第 1 期。

72.《尼禄的货币改制》，载《当代金融家》2020 年第 2 期、第 3 期。

73.《罗马元老院批准制造的铜币》，载《当代金融家》2020 年第 4 期。

74.《安东尼发行的蛇篮币》，载《当代金融家》2020 年第 5 期。

75.《帕提亚王国的希腊化钱币》，载《当代金融家》2020 年第 6 期。

76.《塞琉古王国银币的减重》，载《当代金融家》2020 年第 7 期。

77.《古希腊的德拉克马银币》，载《当代金融家》2020 年第 8 期。

78.《提比略钱币上的戳记》，载《当代金融家》2020 年第 9 期。

79.《恺撒时代的货币状况》，载《当代金融家》2020 年第 10 期。

80.《古埃及的重量单位和钱币流通》，载《当代金融家》2020 年第 11 期。

81.《古印度的重量制度和早期钱币》，载《当代金融家》2020 年第 12 期。

82.《卡拉卡拉发行的安敦尼币》，载《金融博览》2020 年第 12 期。

83.《叙拉古城邦发行的各类钱币》，载《当代金融家》2021 年第 1 期。

84.《戴克里先的货币改革》，载《金融博览》2021 年第 1 期。

85.《华夏民族最早的钱币空首布》，载《当代金融家》2021 年第 2 期。

86.《君士坦丁发行的索利多金币》，载《金融博览》2021 年第 2 期。

87.《白狄民族发明的鲜虞刀》，载《当代金融家》2021 年第 3 期。

88.《君士坦丁二世发行的合金铜币》，载《金融博览》2021 年第 3 期。

89.《南蛮楚国铸行的铜贝》，载《当代金融家》2021 年第 4 期。

90.《钱币法令与提洛同盟的瓦解》，载《金融博览》2021 年第 4 期。

91.《西戎秦国创造的半两钱》，载《当代金融家》2021 年第 5 期。

92.《克洛伊索斯的金银分离术》，载《金融博览》2021 年第 5 期。

93.《百姓依法织造的麻布货币》，载《当代金融家》2021年第 6 期。

94.《牧人摩塞雇佣女奴支付的银环》，载《金融博览》2021 年第 6 期。

95.《大禹的"石"与俾拉拉马的"帕尔希克图"》，载《当代金融家》2021 年第 7 期。

96.《犍陀罗王国的萨塔马纳银币》，载《金融博览》2021年第 7 期。

97.《秦始皇的"半两"与阿育王的"卡夏帕那"》，载《当代金融家》2021 年第 8 期。

98.《那失维的遗产养老信托文书》，载《金融博览》2021年第 8 期。

99.《唐朝的"开元通宝"与日本的"和同开珎"》，载《当代金融家》2021 年第 9 期。

100.《日本德川幕府实行的货币改制——元禄改铸》，载《金融博览》2021 年第 9 期。

101.《唐朝的"乾元重宝"与日本的"皇朝十二钱"》，载《当代金融家》2021 年第 10 期。

102.《君士坦丁发行的西力克银币》，载《金融博览》2021年第 10 期。

103.《大流士的"弥那"与楚平王的"两益"》，载《当代金融家》2021 年第 11 期。

104.《吕底亚王国的法涅斯钱币》，载《金融博览》2021 年第 11 期。

105.《罗马的"安敦尼币"与中国的"大钱当两"》，载《当代金融家》2021 年第 12 期。

106.《舍客勒·斯塔特·第纳尔》，载《金融博览》2021 年第 12 期。

107.《王莽的"大泉五十"与戴克里先的"阿根图币"》，载《当代金融家》2022 年第 1 期。

108.《基辅罗斯公国的格里夫纳》，载《金融博览》2022 年第 1 期。

109.《吕底亚王国的"纯银币"与波斯帝国的"西格罗斯"》，载《当代金融家》2022 年第 2 期。

110.《古罗马的狄纳里银币》，载《金融博览》2022 年第 2 期。

（三）主编的《外国货币史译丛》书目

1. ［英］伊恩·卡拉代斯：《古希腊货币史》，黄希韦译，法律出版社 2017 年版。

2. ［印］P. L. 筬多：《印度货币史》，石俊志译，法律出版社 2018 年版。

3. ［斯里兰卡］P. 普什巴哈特纳姆：《斯里兰卡泰米尔人货币史》，张生、付瑶译，法律出版社 2018 年版。

4. ［英］R. A. G. 卡森：《罗马帝国货币史》，田圆译，法律出版社 2018 年版。

5. ［丹］艾瑞克·克里斯蒂安森：《罗马统治时期埃及货币史》，汤素娜译，法律出版社 2018 年版。

6.〔英〕菲利普·格里尔森：《拜占庭货币史》，武宝成译，法律出版社 2018 年版。

7.〔英〕迈克尔·H. 克劳福德：《罗马共和国货币史》，张林译，法律出版社 2019 年版。

8.〔俄〕B. 杜利耶夫：《俄罗斯货币史》，丛凤玲译，法律出版社 2019 年版。

9.〔美〕鲁迪·马特、威廉·富勒、帕特里克·克劳森：《伊朗货币史》，武宝成译，法律出版社 2019 年版。

10.〔英〕德里克·冯·艾伦：《古凯尔特人货币史》，张玲玉译，法律出版社 2020 年版。

11.〔英〕大卫·赛尔伍德：《帕提亚货币史》，武宝成译，法律出版社 2020 年版。

12.〔美〕阿尔伯特·普拉迪奥：《墨西哥货币史》，康以同译，法律出版社 2020 年版。

13.〔韩〕韩国银行：《韩国货币史》，李思萌、马达译，金融出版社 2018 年版。

14.〔英〕大卫·赛尔伍德、飞利浦·惠廷、理查德·威廉姆斯：《萨珊王朝货币史》，付瑶译，金融出版社 2019 年版。

15.〔意〕米歇勒·弗拉迪阿尼、弗兰克·斯宾里尼：《意大利货币史》，康以同译，金融出版社 2019 年版。

16.〔英〕A. W. 汉兹牧师：《希腊统治时期南意大利货币史》，黄希韦译，金融出版社 2019 年版。

17.〔以〕雅可夫·梅塞尔：《古犹太货币史》，张红地译，金融出版社 2019 年版。

18.〔西〕奥克塔维奥·吉尔·法雷斯：《西班牙货币史》，宋海译，金融出版社 2019 年版。

19.〔印〕P. L. 笈多、S. 库拉什雷什塔：《贵霜王朝货币史》，张子扬译，张雪峰校，金融出版社 2020 年版。

20.〔土〕瑟夫科特帕慕克：《奥斯曼帝国货币史》，张红地译，金融出版社 2021 年版。

（四）主编的《外国信托法经典译丛》书目

1.〔英〕劳伦斯：《遗嘱、信托与继承法的社会史》，沈朝晖译，法律出版社 2017 年版。

2.〔英〕成文法汇编：《历史的经典与现代的典范》，葛伟军译，法律出版社 2017 年版。

3.〔英〕爱德华·哈尔巴赫：《吉尔伯特信托法》，张雪楳译，法律出版社 2017 年版。

4.〔日〕樋口范雄：《信托与信托法》，朱大明译，法律出版社 2017 年版。

5.〔英〕大卫·约翰斯顿：《罗马法中的信托法》，张淞纶译，法律出版社 2017 年版。

6.〔英〕格雷厄姆·弗戈：《衡平法与信托的原理》，葛伟军译，法律出版社 2018 年版。

7.〔英〕西蒙·加德纳：《信托法导论》，付然译，法律出版社 2018 年版。

8.〔英〕伊恩·斯特里特：《衡平法与信托法精义》，李晓龙译，法律出版社 2018 年版。

9. ［英］查尔斯·米契尔：《推定信托与归复信托》，张淞纶译，法律出版社 2018 年版。

10. ［日］商事信托研究会：《日本商事信托立法研究》，朱大明译，法律出版社 2019 年版。

11. ［英］威廉·斯威林：《特殊目的信托》，季奎明译，法律出版社 2019 年版。

12. ［英］莎拉·威尔逊：《托德与威尔逊信托法》，孙林、田磊译，法律出版社 2020 年版。

13. ［英］菲利普·佩蒂特：《佩蒂特衡平法与信托法》，石俊志译，法律出版社 2020 年版。

14. ［英］阿拉斯泰尔：《衡平法与信托的重大争论》，沈朝晖译，法律出版社 2020 年版。

15. ［英］保罗·戴维斯：《衡平法、信托与商业》，葛伟军译，法律出版社 2020 年版。

16. ［英］吉尔伯特：《加勒比国家的离岸信托》，朱宝明译，法律出版社 2020 年版。

17. ［英］马克·哈伯德、约翰·尼迪诺：《信托保护人》，彭晓娟译，法律出版社 2021 年版。

18. ［加］莱昂纳尔·史密斯：《重塑信托：大陆法系中的信托法》，李文华译，法律出版社 2021 年版。

19. ［英］里亚斯班特卡斯：《国际法体系下的信托基金》，伏军译，法律出版社 2021 年版。

参考文献

［1］（战国）左丘明：《左传》，上海古籍出版社 1997 年版。

［2］（汉）司马迁：《史记》，中华书局 1959 年标点本。

［3］（东汉）班固：《汉书》，中华书局 1962 年标点本。

［4］（晋）陈寿：《三国志》，中华书局 1959 年版。

［5］（唐）魏徵等：《隋书》，中华书局 1973 年版。

［6］（唐）杜佑：《通典》，中华书局 1988 年版。

［7］（唐）李林甫等：《唐六典》，中华书局 1992 年版。

［8］（后晋）刘昫等：《旧唐书》，中华书局 1975 年版。

［9］（宋）欧阳修、宋祁：《新唐书》，中华书局 1975 年版。

［10］（宋）司马光：《资治通鉴》，中华书局 1956 年标点本。

［11］（宋）李焘：《续资治通鉴长编》，中华书局 1992 年版。

［12］（元）脱脱：《宋史》，中华书局 1985 年版。

［13］（明）宋濂：《元史》，中华书局 1976 年版。

［14］（明）胡我琨：《钱通》，余全有译注，重庆出版社 2009 年版。

［15］（清）赵尔巽：《清史稿》，中华书局 1977 年版。

［16］杜维善：《半两考》，上海书画出版社 2000 年版。

［17］关汉亨：《半两货币图说》，上海书店出版社 1995 年版。

［18］范振安、崔宏伟：《洛阳泉志》，兰州大学出版社 1999 年版。

［19］黄锡全：《先秦货币通论》，紫禁城出版社 2001 年版。

［20］钱剑夫：《秦汉货币史稿》，湖北人民出版社 1986 年版。

［21］石毓符：《中国货币金融史略》，天津人民出版社 1984 年版。

［22］王国维：《观堂集林·说珏朋》，中华书局 1959 年版。

［23］王昭迈：《东周货币史》，河北科学技术出版社 2011 年版。

［24］王雪农、刘建民：《半两钱研究与发现》，中华书局 2005 年版。

［25］杨熙春：《钱币研究文选》，中国财政经济出版社 1989 年版。

［26］杨端六：《清代货币金融史稿》，武汉大学出版社 2007 年版。

［27］叶世昌：《中国金融通史》，中国金融出版社 2002 年版。

［28］赵德馨：《楚国的货币》，湖南教育出版社 1995 年版。

［29］朱活：《古钱新谭》，山东大学出版社 1992 年版。

［30］朱活：《古钱新探》，齐鲁出版社 1984 年版。

［31］昭明、马利清：《中国古代货币》，百花文艺出版社2007年版。

［32］张南：《秦汉货币史论》，广西人民出版社1991年版。

［33］《世界著名法典汉译丛书》《十二铜表法》，法律出版社2000年版。

［34］睡虎地秦墓竹简整理小组：《睡虎地秦墓竹简》，文物出版社1978年版。

［35］中国人民银行总行参事室金融史料组：《中国近代货币史资料》，中华书局1964年版。

［36］沈仲常、王家祐：《记四川巴县冬笋坝出二的古印及古货币》，《考古通讯》1955年第6期。

［37］陕西省钱币学会：《陕西钱币论文集》，2000年8月。

［38］陈尊祥、路远：《首帕张堡窖藏秦钱清理报告》，《中国钱币》1987年第3期。

［39］周延龄、林振荣：《从环县墓葬出土的战国秦半两谈陇东早期货币》，《甘肃金融》1987年增刊。

［40］马得志、周永珍、孙云鹏：《一九五三年安阳大司空村发掘报告》，《考古学报》1955年第9期。

［41］杨宝成、杨锡章：《1969～1977年殷墟西区墓葬发掘报告》，《考古学报》1979年第1期。

［42］吴振录：《保德县新发现的殷代青铜器》，《文物》1972年第4期。

［43］孙敬明：《齐鲁货币文化比较研究》，《中国钱币》1998年第2期。

［44］方宇光：《一批珍贵的楚贝币》，《中国钱币》1990年第3期。

［45］孔繁银：《曲阜董大城村发现一批蚁鼻钱》，《文物》1982年第3期。

［46］赵宗秀：《山东泗水县出土蚁鼻钱》，《考古与文物》1987年第2期。

［47］唐金裕：《西安西郊隋李静训墓发掘报告》，《考古》1959年第9期。

［48］中国社会科学院考古研究所二里头工作队：《郾师二里头遗址新发现的铜器和玉器》，《考古》1976年第4期。

［49］中国社会科学院考古研究所二里头工作队：《1984年秋河南郾师二里头遗址发现的几座墓葬》，《考古》1986年第4期。

［50］中国社会科学院考古研究所：《辉县发掘报告》，科学出版社1956年版。

［51］中国社会科学院考古研究所安阳工作队：《安阳殷墟五号墓的发掘》，《考古学报》1977年第2期。

［52］吕长礼、梅凌：《安徽肥西县新仓乡出土蚁鼻钱》，《中国钱币》1994年第3期。

［53］方宇光：《一批珍贵的楚贝币》，《中国钱币》1990年第3期。

［54］中国货币学会：《中国钱币论文集》（第三辑），中国金融出版社1998年版。

［55］四川省博物馆、青川县文化馆：《青川县出土秦更修

田律木牍》，《文物》1982 年第 1 期。

［56］《广汉三星堆遗址一号祭祀坑发掘简报》，《文物》1987
年第 10 期。

［57］《广汉三星堆遗址二号祭祀坑发掘简报》，《文物》1989
年第 5 期。

［58］河南省文化局文物工作第一队：《郑州商代遗址的发
掘》，《考古学报》1957 年第 1 期。

［59］河南省文物研究所：《淅川下寺春秋楚墓》，文物出版
社 1991 年版。

［60］山西省文物管理委员会侯马工作站：《山西侯马上马
村东周墓葬》，《考古》1963 年第 5 期。

［61］山西省考古研究所：《山西省潞城县潞河战国墓》，
《文物》1986 年第 6 期。

［62］山西省考古研究所：《山西候马上马村晋墓发掘简
报》，《文物》1989 年第 6 期。

［63］淳化县文化馆：《陕西淳化史家塬出土西周大鼎》，
《考古与文物》1980 年第 2 期。

［64］固原县文物工作站：《宁夏固原西周墓清理简报》，
《考古》1983 年第 11 期。

［65］《西峡县出土一批楚铜贝》，《中原文物》1986 年第
1 期。

［66］大冶县博物馆：《大冶县出土战国窖藏青铜器》，《汉
江考古》1989 年第 3 期。

［67］湖南省博物馆：《长沙两晋南朝隋墓发掘报告》，《考

古学报》1959 年第 3 期。

　　〔68〕《安徽临泉出土一批鬼脸钱》，《考古与文物》1986 年第 2 期。

　　〔69〕〔英〕R. A. G. 卡森：《罗马帝国货币史》，田圆译，法律出版社 2018 年版。

　　〔70〕〔英〕迈克尔·H. 克劳福德：《罗马共和国货币史》，张林译，法律出版社 2019 年版。

　　〔71〕〔日〕泷本诚一：《日本货币史》，马兰、武强译，中国金融出版社 2022 年版。

　　〔72〕〔日〕久光重平：《日本货币史概说》，孟郁聪译，法律出版社 2022 年版。